**Drei Dinge die unwiederbringlich sind:
Der Pfeil, der den Bogen verlassen hat,
das zu schnell gesprochene Wort
und die verpasste Gelegenheit.**

(Arabisches Sprichwort)

HF211770

Ich widme dieses Buch

Selma, Eleni

Fedor

Boris Ludz (Hrsg.)

Übungen

und

Spiele

für den

traditionell-intuitiven

Bogenschützen

Band 1

Impressum

© 2016 Bogen-Abenteuer, Boris Ludz, 01139 Dresden,
www.bogen-abenteuer.de

Herstellung und Verlag: BoD - Books on Demand, Norderstedt

ISBN: 978-3-8423-4860-8

Autor, Herausgeber, Redaktion, Satz, Gestaltung
(inkl.Umschlaggestaltung),Texte, Bilder, Titelbild: Boris Ludz

Inhalt

Übungen und Spiele für den traditionell-intuitiven Bogenschützen

Vorwort

Mein Name ist Boris Ludz, ich wohne in Dresden und beschäftige mich seit vielen Jahren mit dem Bogenschießen und betreibe das Unternehmen "Bogen-Abenteuer". Die Kurse, Workshops und Fortbildungen von "Bogen-Abenteuer" widmen sich dem traditionellen und intuitiven Bogenschießen, d.h. es werden keine weiteren Hilfsmittel, wie Visiere oder Ähnliches verwendet, trainiert wird die Augen-Hand-Koordination. Das Bogenschießen soll in seiner ursprünglichen Form erfahren werden.

Durch meine langjährige Betätigung im Bogenschießen und meiner beruflichen Erfahrung als Erlebnispädagoge, kann ich auf einen großen Erfahrungsschatz in der pädagogischen "Pfeil-und Bogen"-Arbeit mit Kindern, Jugendlichen und Erwachsenen zurückgreifen. Ausgebaut durch fortwährende Weiterbildungen biete ich mein Wissen und Können an, um kleine oder große Abenteuer mit Interessierten zu bestehen.

Ich halte eine Vielzahl von Kursen, Workshops und Seminaren mit gängigen Pfeilen bereit, bei denen Kinder, Jugendliche und Erwachsene ihre Grenzen austesten, ihre Kompetenzen erweitern und ihre Motorik (u.a. "Augen-Hand-Koordination") schulen können. Eine Mischung aus Technikverfeinerung, spielerischen Aspekten sowie meditativ-entspannten Momenten stehen im Vordergrund.

Es geht dabei stets um die Erweiterung des eigenen Erfahrungsschatzes (Erleben, Selbsterfahrung, Selbstausdruck, persönliche Entwicklung), sich selbst wertfrei mit seinem

Können anzunehmen, fernab vom technisierten, leistungsorientierten Wettkampfschießen.

Ursprünglich wurden Pfeil und Bogen zur Jagd, für den Kriegseinsatz und den sportlichen Wettkampf entwickelt bzw. eingesetzt. Heutzutage ist letzterer Bereich geblieben und erfreut sich großer Beliebtheit. In Deutschland ist die Jagd mit Pfeil und Bogen verboten. Hier wird der Bogen zudem als Sportgerät eingestuft, unterliegt aber in Teilen dem Waffengesetz.

Neben dem sportlichen Bogenschießen in Sportvereinen gibt es einen weiteren Bereich des Bogenschießens, dem sich Bogen-Abenteuer verschrieben hat: es ist das intuitive und meditative Bogenschießen.

Intuitives Bogenschießen beruht auf der menschlichen Fähigkeit Auge und Hand zu koordinieren. Beim Bogenschießen taucht oft die Frage auf "Wie ziele ich denn?" Es gibt kein "Kimme und Korn", also kein "Visier (wie bei den Sportschützen), sondern man "zielt" durch eine Ansammlung von Erfahrungswerten, die man als Schütze im Gedächtnis abspeichert. In vielen anderen Sportarten, wie z.b. dem Tischtennis passiert genau das Gleiche. Durch zunehmende Übung gelingt es immer besser den Ball bzw. den Schläger besser, schneller und präziser einzusetzen, ohne dass man "zielt". Der Bewegungsablauf des Körpers wird erlernt, gespeichert und immer besser und schneller abgerufen.

Das gleiche Prinzip finden wir beim Intuitiven Bogenschießen. Hier geht es darum, in verschiedenen Situationen den immer identischen Bewegungsablauf einzuüben, bis der Körper verinnerlicht hat, wie der Schütze mit seinem Bogen den Pfeil ins Ziel bringt. Beide Augen bleiben geöffnet, man schaut auf das Ziel und trifft. Der Gedanke ins Ziel treffen zu wollen, ist dabei eher hinderlich, es ist für viele Schützen daher eher ratsam den Gedanken an das Treffen-Wollen abzustreifen und die Aufmerksamkeit auf den eigenen Körper zu lenken. Der Bewegungsablauf beim intuitiven Bogenschießen unterliegt mehreren vorgegebenen und festgelegten Schritten, die auch in diesem Buch noch einmal erläutert werden.

Selbstverständlich spielt das Zielen beim Bogenschießen an sich und auch bei Bogen-Abenteuer eine Rolle, aber nicht die Vordergründige.

Bogen-Abenteuer legt Wert auf ein anderes Thema:

Das Zielen bzw. Treffen mit Pfeil und Bogen ist ein Hinweis darauf, ob es zwischen dem Schützen und den Dingen mit denen er zu tun hat, einen guten Austausch, gelungene Kommunikation gibt, ob er sich auf das Bogenschießen einstellen und einlassen kann. So kann man durch das Bogenschießen viel über sich selbst erlernen, z.B. mit Treffern (Erfolg) als auch Nicht-Treffern (Scheitern) umzugehen. Es geht darum Anmut und eigene Stärke zu kultivieren, den Blick auf sich selbst zu fördern und auch Lebensqualität zu verbessern.

Aus diesen Themen ergibt sich der "beseelte Schuss", Pfeil und Bogen verkörpern etwas ursprüngliches, archaisches, dass in den meisten Menschen Faszination auslöst. Es beflügelt die Vorstellungskraft und spricht die Seele an.

Zum Bogenschießen gehört auch Mut, die Kraft zu spüren, mit der Kraft umzugehen. Lässt man sich auf diese Kraft ein, nimmt

9

man sich Zeit, die gewonnenen Eindrücke anzunehmen, so ergibt sich und empfindet man eine tiefe Verbundenheit zum Bogenschießen.

Selbstverständlich soll der Schuss technisch einwandfrei ausgeführt werden und es ist zunächst notwendig den Bewegungsablauf bewusst und korrekt auszuführen. Das Ziel besteht dann aber letztlich darin, diese Bewegungen soweit zu verinnerlichen, dass er vollständig unbewusst abläuft- ohne die Absicht zu verfolgen, das Ziel zu treffen. Dies ist vollendetes und anmutiges Bogenschießen.

So bietet das Bogenschießen neben dem sportlichen Charakter viele andere Themen, die Bogen-Abenteuer fördern möchte. Bogenschießen ist eine Form der Körperarbeit, bei der Haltung, Muskulatur, Koordination trainiert werden. Der Körperausdruck wird anmutiger, die eigenen Fähigkeiten und das Vertrauen in sich selbst werden gestärkt.

Bei vielen Schützen verändert sich die Wahrnehmung der Zeit, Handeln und Bewusstsein verschmelzen miteinander und privater oder beruflicher Stress oder gar Sorgen geraten aus dem Blickfeld. Man befindet sich im Hier und Jetzt, ganz konzentriert und fokussiert.

Das Bogenschießen fördert beim gemeinschaftlichen Schießen den sozialen Kontakt und es ist alterslos bzw. generationenübergreifend.

Selbstwirksamkeit sowie Selbsterkenntnis treten beim Bogenschießen zutage, in dem sich der Schütze selbst erlebt und wahrnimmt:

der Schütze kann sich Ziele stecken und erreicht sie oder scheitert eben auch mal, insgesamt aber gibt es Fortschritte. Man entdeckt die eigene zunehmende Kraft, die sich auch auf andere Lebensbereiche auswirken kann. Weiterhin lässt das Bogenschießen ggfls. wichtige Erkenntnisse zu: wieviel Spannung kann ich aushalten/zulassen? Was verursacht ein Fehlschuss bei mir? Habe ich Geduld? Worauf ziele ich? Wie stehe ich?

Durch diese Fragestellungen erhöht sich die Introspektion - der Blick auf mein inneres Selbst.

Das Schießen in der Natur oder auch das Selbst-Erschaffen von Bogen, Pfeilen, Köcher und weiteren Materialien ermöglichen ebenso Erlebnisse positiver Selbstwirksamkeit.

In diesem Sinne soll das Buch Anregungen geben diesen Weg zu gehen...und Bogenschießen soll selbstverständlich auch Spaß machen! Lachen ist erlaubt!

Viel Spaß!

Boris Ludz von Bogen-Abenteuer

A. Der Bewegungsablauf beim intuitiven Bogenschießen

1. Stand

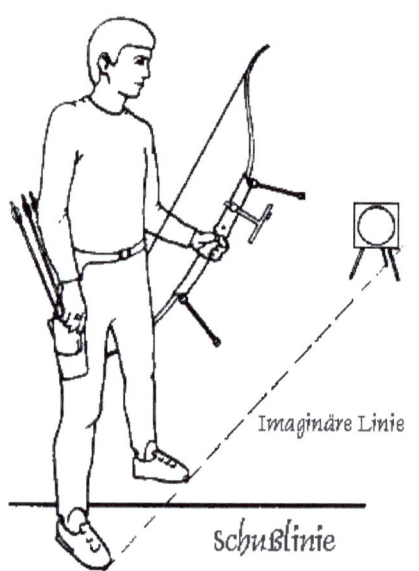

Der Stand ist seitlich und leicht nach vorne gekippt, die Beine stehen schulterbreit auseinander, um einen sicheren Stand zu gewährleisten.

2. Zughand

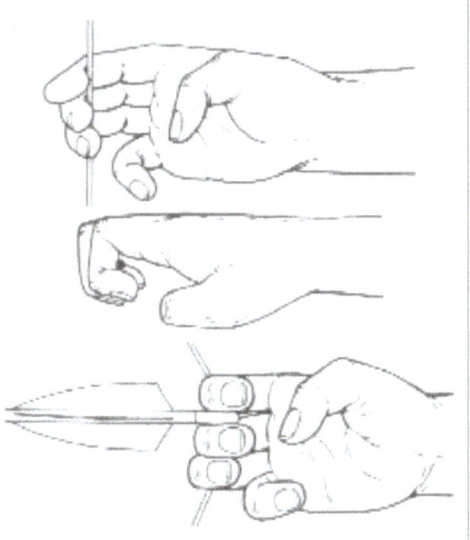

Die Finger der sehnenführenden Hand greifen im ersten Fingergelenk um die Sehne (Zeigefinger über, Mittel-, und Ringfinger unter den Pfeil. Daumen und kleiner Finger werden eingeknickt. Handrücken und Arm bilden eine gerade Linie. So wird die Zugkraft in Pfeilhöhe ohne Störung gerade nach hinten entlang der Pfeilachse aufgebaut.

3. Bogenhand

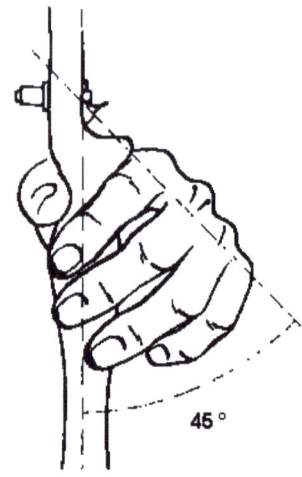

Die Bogenhand umfasst mit Daumen und Zeigefinger locker den Bogen. Die Hand steht etwa in einem Winkel von 45° vom Bogen ab. Eine fest umschlossene Bogenhand kann zu einer Ablenkung der Pfeilflugbahn führen.

45°

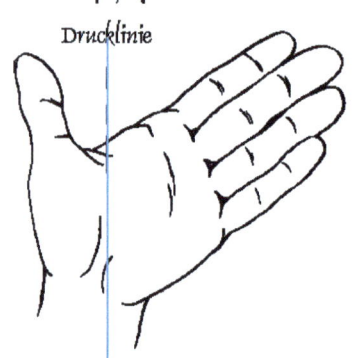

Drucklinie

4. Anker

Beim seitlichen Anker berührt der Zeigefinger den Mundwinkel und der eingeknickte Daumen liegt am Unterkiefer an. So wird ein konstanter und wiederholbarer Auszug gewährleistet.

5. <u>Auszug</u>

schulterhöhe

Der Bogen wird auf Vorspannung gebracht, also leicht ausgezogen, um die Technikaspekte vor dem eigentlichen Schuss zu erledigen (Druckpunktgefühl in der Hand präzisieren, Bogen senkrecht, Bogenarm eindrehen, Bogenschulter tief halten, Oberkörper gerade hinter den Pfeil stellen, Zugarm positionieren, Blickkontakt zum Ziel).

Übungen und Spiele für den traditionell-intuitiven Bogenschützen

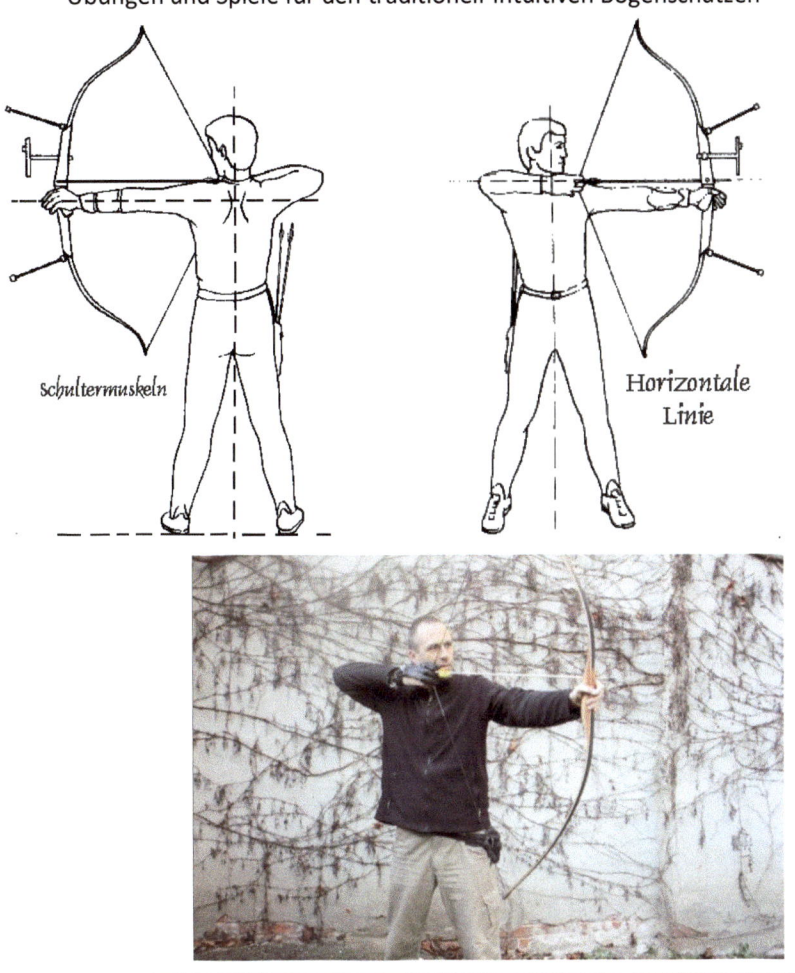

Schultermuskeln

Horizontale Linie

Beim Spannen des Bogens auf Vollauszug wird die Kraft durch die Rückenspannung aufgebaut und gehalten, dabei werden die Schulterblätter zusammen geführt. Dies hat den Vorteil, dass der Zugarm entlastet und die volle Auszugslänge erreicht wird. Der Bogenschütze atmet während des Zugvorgangs ein, es entsteht ein Gefühl von Entspannung und Stärke. Während des Aufbaus der Rückenspannung wird langsam und gleichmäßig ausgeatmet. Dabei werden die Lungen bis zum natürlichen Gleichgewicht ausgeatmet. Die Atmung muss nun in dieser Stellung gehalten werden bis das Lösen abgeschlossen ist.

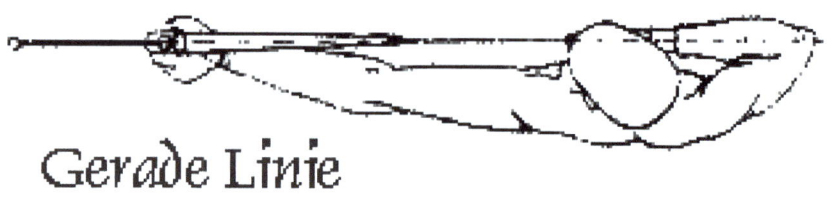

Gerade Linie

Um ein möglichst effektives Kräftedreieck (Bogenarm - Schulterblätter–Zugarm) zu erreichen, werden die Schulterblätter parallel zur Schussrichtung ausgerichtet. Der Zugarm wird in der Höhe positioniert. Er liegt in der Verlängerung der Pfeilachse. Vermeiden, dass sich die Schulter des Bogenarms hochzieht.

6. Lösen und Nachhalten

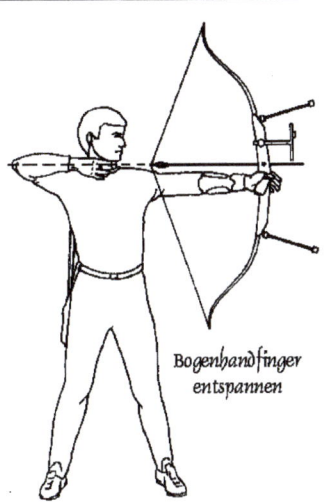

Bogenhandfinger
entspannen

Beim Lösen des Pfeils werden die Finger nicht (!) aktiv geöffnet, sondern lediglich völlig entspannt. Die Sehne drückt die Finger der Zughand aus dem Weg und der Schütze lässt dies zu. Durch den Zug, der von der gespannten Muskulatur der Schulterblätter verursacht wird, wird die Zughand nach hinten auf die Schulter gezogen. Die Position nach dem Lösen wird gehalten („Nachhalten"). Die richtige Rückenspannung muss für weitere zwei bis drei Sekunden aufrechterhalten werden. Dadurch wird vermieden, dass der Pfeil evtl. verrissen wird und der Schütze kann dem Pfeil bewusst hinterher schauen und sich ggfls. korrigieren.

21

B. TEIL I
ÜBUNGEN

Buch auf dem Kopf

Inhalt:

Als Vorübung legt sich der Schütze ein Buch auf seinen Kopf (zunächst ohne Pfeil und Bogen) und versucht das Buch auf seinem Kopf zu balancieren, ohne das es herunter fällt. Als Steigerung kann man dann versuchen im Gehen, das Buch auf dem Kopf zu halten, um die eigene Balance zu schulen und die eigene Körpermitte ausfindig zu machen.

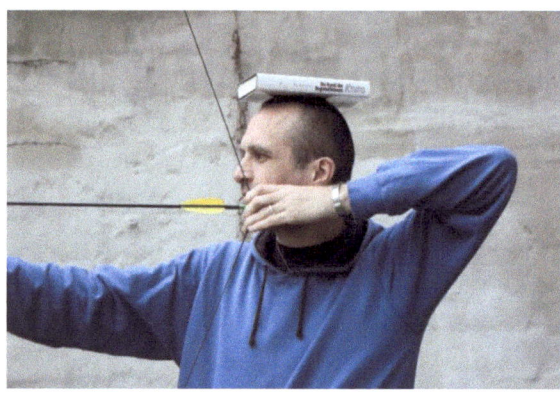

Als letzter Schritt kommen Pfeil und Bogen dazu. Diese Übung trägt dazu bei, den Schussablauf sehr sauber und kontrolliert durchzuführen. Der Kopf wird bewusst gerade gehalten und nicht verdreht. Beim Lösen des Pfeils, darf das Buch nicht vom Kopf fallen.

Teilnehmerzahl: 1

Material: Buch

Wippe

Inhalt:

Diese Übung stellt eine Gleichgewichts- und Konzentrationsübung dar. Der Schütze sollte das Bogenschießen bereits sicher beherrschen. Zum Anfang dieser Übung sollte eine Trockenübung ohne Pfeil und Bogen stattfinden: man versucht sein Gleichgewicht auf der Wippe zu halten, so dass man nicht auf dem Boden aufsetzt. Hat man ein Gefühl dafür bekommen, so versucht man sich im nächsten Schritt mit Pfeil und Bogen. Als weitere Steigerung kann man sich auch zu zweit auf die Wippe stellen. Hier erfordert es eine entsprechende Teamarbeit zwischen den Schützen, um sich abzusprechen, wer das Gleichgewicht herstellt. Steht man alleine auf der Wippe, so zeigt die schmale Seite in Richtung Zielscheibe, steht man zu zweit auf der Wippe, so zeigt die lange Seite in Richtung Zielscheibe. Für die Übung zu zweit kann man versuchen, dass beide Schützen versuchen ihre Pfeile ohne Kommando gleichzeitig zu lösen.

Teilnehmerzahl: 1-2

Material: Wippe

Avatar-Griff

Inhalt:

Für Bogenschützen ist es gut, eingefahrene Schießmuster immer mal wieder aufzubrechen und Neues auszuprobieren. Dies gilt für Rechtshandschützen, die ab und zu auf Linkshand umschwenken sollten, um ihren Erfahrungsschatz zu erweitern und beide Gehirn- und Körperhälften zu beanspruchen.

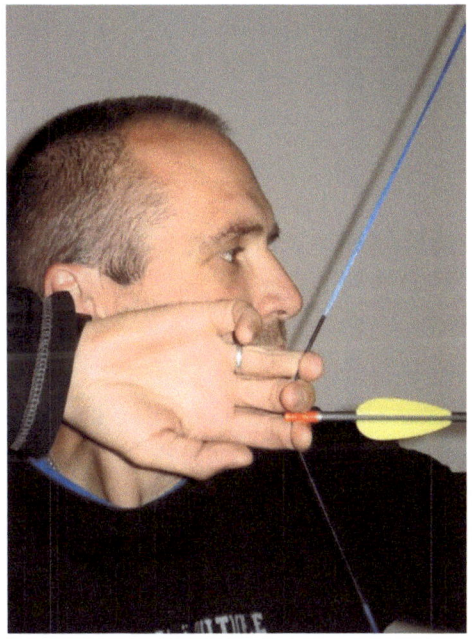

Dies gilt auch für Grifftechniken oder Ankerpunkt. Es ist immer wieder eine Erfahrung wert, von der eingespielten Grifftechnik abzuweichen und sich auf Neues einzulassen. Eine eher spielerische Übung, neben den bekannten Grifftechniken, wie mediterraner Griff, Untergriff, Daumentechnik, usw. ist der sog. „Avatar-Griff" aus besagtem Film. Hierbei behält man den mediterranen Griff bei, dreht aber seine Hand um 180° und legt diese auf die andere Seite der Sehne an. Dies führt zu einem spürbar anderen Kräfteverhältnis, ist aber eine Herausforderung.

Teilnehmerzahl: beliebig

Material: keines

Schießen von der Slackline

Inhalt:

Als besondere Herausforderung gilt das Bogenschießen in Verbindung mit der Slackline. Bei der Slackline handelt es sich um ein Gurtband, das zwischen zwei Befestigungspunkten gespannt wird, so dass man auf dieser balancieren kann. Durch das Eigengewicht der balancierenden Person dehnt sich die Slackline und sie hängt somit relativ stark durch, was ständig ausgleichende Bewegungen erfordert. Trainiert wird das Zusammenspiel zwischen Balance, Konzentration und Koordination.

Bevor das Bogenschießen von der Slackline durchgeführt wird, sollte man das Slacklinen gut beherrschen, um das Sicherheitsrisiko so gering wie möglich zu halten.

Teilnehmerzahl: 1

Material: Slackline

Schießen im Klettergurt

Inhalt:

An einem entsprechenden Baumast wird eine Klettersicherung befestigt, an der die Bogenschützen gesichert im Klettergurt schießen können. Der Schütze wird von einer zweiten Person gesichert.

Die Schwierigkeit besteht hier, dass man sich im Klettergurt in ständiger Bewegung befindet und sich selbst ausbalancieren muss, um in eine gute Schussposition zu gelangen.

Selbstverständlich gilt auch hier, dass die Sicherheit höchste Priorität hat, d.h. klettererfahrene Personen müssen die

Sicherung übernehmen und das Schießen im Klettergurt sollte einige Bogenerfahrung voraussetzen.

Teilnehmerzahl: Mind. 2

Material: Klettergurt, Kletterseil, Karabiner, Sicherungsgerät

„Berittenes" Bogenschießen

Inhalt:

Als Abwandlung des berittenen Bogenschießens gilt das Schießen vom Fahrrad. Bevor man sich daran versucht, muss das freihändige Fahren gut geübt sein, um das Verletzungsrisiko möglichst gering zu halten. Auch hier besteht die Schwierigkeit, während des Bewegungsablaufs des Schießens, nicht das Gleichgewicht zu verlieren. In der Tat sind kleinere Bögen sinnvoller, aber auch mit Recurvebögen ist es durchaus möglich gekonnt das Ziel zu treffen.

Teilnehmerzahl: 1

Material: Fahrrad

Zeitgefühl

Inhalt:

Der Schütze schießt in seinem eigenen für ihn angenehmen Tempo innerhalb einer Minute so viele Pfeile, wie es für ihn passt. Ein anderer Teilnehmer stoppt für diesen die Zeit. Nach 1 Minute ist die Zeit um und der Schütze erhält ein Zeichen und muss aufhören zu schießen.

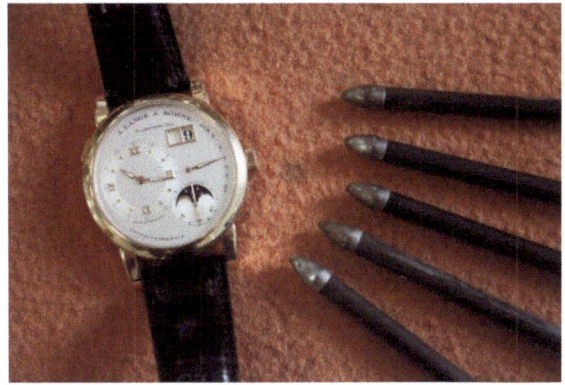

Im zweiten Durchgang versucht der gleiche Schütze nach eigenem Zeitgefühl und Ermessen den Zeitraum von 1 Minute selbst abzuschätzen. Er erhält ein Startsignal, weiß aber nicht, wann die Zeit um ist. Er hört auf zu schießen, wenn er meint, dass die 1 Minute vorbei ist. Diese Übung schult das eigene Zeitgefühl.

Teilnehmerzahl: 1 – beliebig viele Teilnehmer

Material: Stoppuhr

3er Schießen

Inhalt:

Diese kleine Übung ist eine Zielübung und ist für 3 Schützen gedacht und wird ohne Zielscheibenauflage durchgeführt. Der erste Schütze platziert seinen Pfeil auf der Zielscheibe. Der zweite Schütze versucht seinen Pfeil so dicht wie möglich an den Pfeil des ersten Schützen zu platzieren. Der dritte Schütze versucht wiederum seinen Pfeil zwischen die Pfeile des ersten und zweiten Schützen zu setzen. Nach dem Durchgang werden die Positionen durchgetauscht, so dass jeder einmal an erster, zweiter oder dritter Stelle seinen Pfeil gelöst hat.

Eine andere Variante ist das sog. „Pfeile sammeln" mit einer Zielscheibenauflage. Es wird zu dritt geschossen, mit 5 Durchgängen. Jeder Schütze löst einen Pfeil. Derjenige, der am besten getroffen hat, darf die geschossenen Pfeile einsammeln. Wer nach den 5 Durchgängen die meisten Pfeile besitzt, hat gewonnen.

Beim „Ausschießen" besitzt jeder der drei Schützen drei Pfeile. In jedem Durchgang schießt jeder Schütze einen Pfeil.

Derjenige, der am schlechtesten geschossen hat, muss seinen Pfeil an den besten Schützen abgeben, die anderen beiden erhalten ihre Pfeile zurück. Es wird solange geschossen, bis nur noch einer der Schützen Pfeile besitzt.

Teilnehmerzahl: 3

Material: Zielscheibenauflage

Ausschnitt

Inhalt:

Geschossen wird auf „Ausschnitte" der WA-Zielscheibe, z.B. einem Querausschnitt oder einem kreuzförmigen Ausschnitt, um einen Fokus auszubilden und diesen zu trainieren.

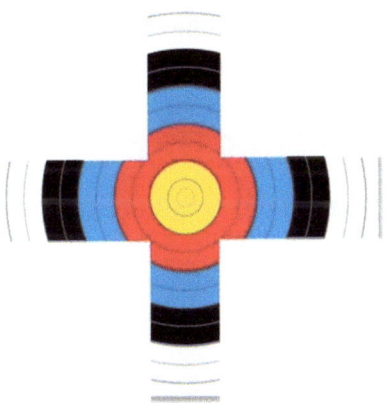

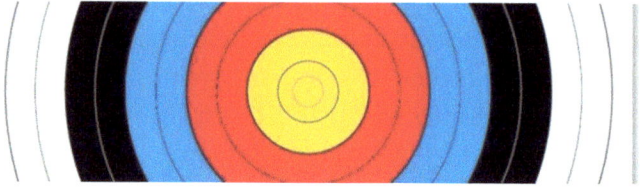

Es werden also nur die Schüsse gewertet, die den Ausschnitt treffen. Die Ringzahlen werden in der gängigen Art und Weise ausgezählt.

Teilnehmerzahl: 1 – beliebig viele Teilnehmer

Material: Zugeschnittene WA-Auflage

Verkehrte Ringzahlen

Inhalt:

Bei dieser Übung werden die Ringzahlen nicht in der üblichen Weise von außen nach innen mit 1-10 Punkten zugeordnet, sondern genau umgekehrt. Der äußerste weiße Ring erhält 10 Punkte bis hin zum „Gold" mit 1 Punkt.

Dies schult das Treffen in die Randbereiche der Scheibe, was erfahrungsgemäß schwer ist.

Teilnehmerzahl: 1 – beliebig viele Teilnehmer

Material: WA-Auflage

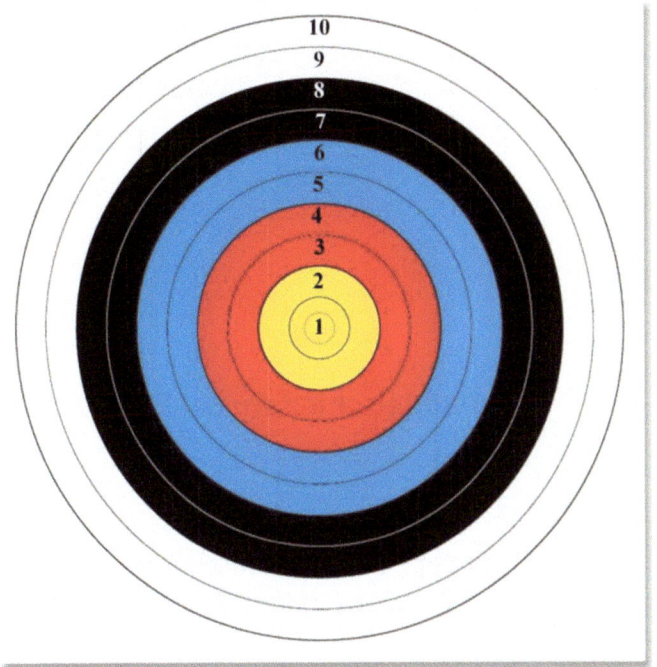

Gleichzeitiges Schießen

Das gleichzeitige Schießen kann in mehreren Varianten durchgeführt werden. Zum einen kann eine Gruppe gleichzeitig auf Kommando schießen („1,2,3, Schuss"). Die Gruppe kann versuchen wellenförmig im gleichen Rhythmus zu schießen. Unterstützt werden kann dies mittels eines Metronoms, der den Takt vorgibt.

Besonders schön, ist das gemeinsame Schießen ohne jegliches Kommando. Die Gruppe versucht ohne Absprache oder Zeichen einen gemeinsamen Lösezeitpunkt zu „erfühlen".

Als Variante kann man dies auch zu zweit auf ein Hängeziel versuchen: ohne Absprache versucht das Schützenpaar gleichzeitig seinen Pfeil in das gemeinsame Hängeziel zu schießen.

Teilnehmerzahl: Mind. 2

Material: Hängeziel

Pendelschießen

Inhalt:

Hängende Objekte stellen beim Bogenschießen besondere Ziele dar, weil sie beim Beschuss eindrucksvoll ins Schwingen kommen.
Diese Ziele können selbst in mannigfaltiger Weise hergestellt werden (z.B. gefüllter Jutesack).
Auf ein pendelndes Ziel zu schießen, erfordert besondere Konzentration, da der Rhythmus und dadurch auch der Lösezeitpunkt des Pfeils erfasst werden muss.
Als Steigerung kann auf zwei hängende Ziele geschossen werden, die in entgegen gesetzter Richtung pendeln.

Teilnehmerzahl: 1

Material: Gefüllter Jutesack, etc.

Schießen vom Trampolin

Inhalt:

Auf einem Trampolin springend wird auf die Zielscheibe geschossen. Die Herausforderung stellt die Bewegung dar. Insbesondere das Herstellen einer Gesamtkörperspannung ist entscheidend.

Teilnehmerzahl: 1

Material: Trampolin

Fremdbestimmt

Inhalt:

Bei dieser Übung wird der Loslass-Zeitpunkt von einer anderen Person bestimmt. Der Schütze löst seinen Pfeil erst, wenn das Kommando der zweiten Person erfolgt.
Der Kommandogeber kann dabei unterschiedlich lange Abstände wählen, der Schütze versucht die Konzentration zu halten.
Der Kommandogeber kann in einer weiteren Übung versuchen den optimalen Loslass-Zeitpunkt des Schützen herauszufinden.

Teilnehmerzahl: 2

Material: keines

Der Münztrick

Inhalt:

Ein Pfeil wird senkrecht so an der Zielscheibe befestigt, dass das Ende des Pfeils etwa 15 cm über der Zielscheibe hinausragt. In die Pfeilnocke wird ein 2 €-Stück geklemmt, es sollte noch beweglich sein.
Nun kann man aus einer beliebigen Entfernung versuchen, die Münze zu treffen. Im günstigsten Fall, löst sich der innere Münzteil aus dem Äußeren heraus.

Teilnehmerzahl: 1

Material: 2 €-Münze

Ablenkungsmanöver

Während der Schütze schießt, versuchen andere Teilnehmer ihn abzulenken. Dies kann mittels Softbällen, einer Feder, Rufen, etc. passieren. Der Schütze muss versuchen sich auf seinen Schuss zu konzentrieren.

Teilnehmerzahl: Mind. 2

Material: Softbälle, Feder, etc.

Der Wilhelm-Tell-Schuss

Diese Übung lehnt sich an die Geschichte von Wilhelm Tell an, der seinem Sohn mit seiner Armbrust einen Apfel vom Kopf schießen musste, damit diese „frei" von dannen ziehen konnten.

Mit einem Styroporkopf und einem Apfel kann man diesen Schuss selbst erfahren. Als Apfel kann natürlich auch ein anderer Gegenstand (z.B. Luftballon) herhalten. Die Herausforderung ist, dass man nur einen Schuss zur Verfügung hat und sofort hochkonzentriert sein muss.

Teilnehmerzahl: 1

Material: Styroporkopf, Äpfel oder Luftballon

Pfeilziele

Diese Übung wird idealerweise mit 3 Schützen durchgeführt. Der erste Schütze schießt seinen Pfeil wahllos auf die Zielscheibe, der zweite Schütze versucht seinen Pfeil, so dicht wie möglich an den ersten Pfeil zu setzen. Der dritte Schütze schießt seinen Pfeil zwischen die beiden ersten.

Teilnehmerzahl: 3

Material: keines

Tandem

Hier ist Teamwork gefragt. Seitlich Schulter an Schulter stehend, wird der Bogen vom einen gehalten und vom anderen die Sehne gespannt. Es ist eine gemeinsame Abstimmung nötig und schult das Koordinationsvermögen.

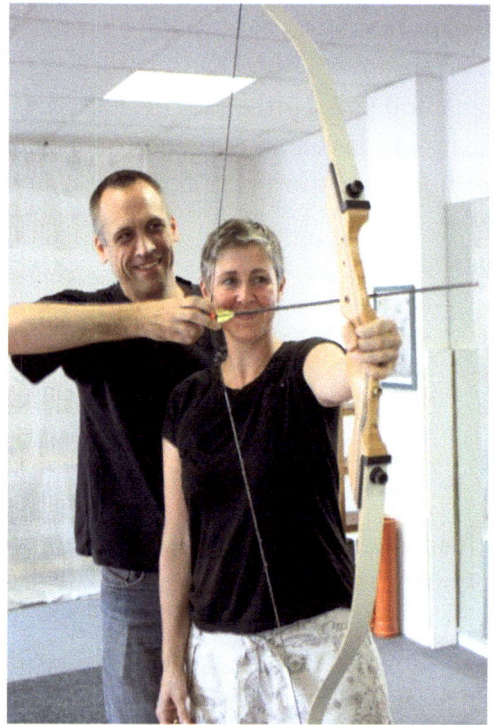

Teilnehmerzahl: 2

Material: keines

Blindschuss

Der Schütze schießt mit verbundenen Augen auf die Zielscheibe. Damit der Schütze seine Position und Richtung einprägen kann, schießt er zunächst sehend seine Pfeile.

Im weiteren Verlauf schießt der Schütze mit Anweisung. Der Anweiser korrigiert den Schützen in Höhe und seitlicher Ausrichtung. Im letzten Schritt versucht der Bogenschütze ohne Hilfen die Zielscheibe zu treffen.
Als Variante kann dies auch auf Hänge- oder Pendelziele erfolgen.

Teilnehmerzahl: 1

Material: Augenbinde

Weite/Höhe

Mit gängigen Pfeilen sind Hochschüsse aufgrund des Verletzungsrisikos nicht durchführbar. Mit LARP-Pfeilen (Pfeile mit Schaumstoffkopf) ist dies aber durchaus möglich. Insbesondere auf Kommando mit mehreren Schützen, ergibt sich ein eindrucksvoller Pfeilhagel. Hier kann erprobt werden, wie hoch der Pfeil in die Luft geschossen werden kann.

Auch Weitschüsse sind mit LARP-Pfeilen ohne großes Risiko durchzuführen. Wer kommt am Weitesten?
Mit möglichst vielen Schützen ist dies noch eindrucksvoller. Weitschüsse (keine Hochschüsse!!!) sind auch mit Flu-Flus (stark befiederte Pfeile, die dadurch im Flug stark gebremst werden und eine geringere Reichweite haben) gut möglich.

Teilnehmerzahl: beliebig

Material: LARP-Pfeile/Flu-Flus

Laserpointer

Das Ziel wird im Dunkeln mit einem Laserpointer markiert. Der Schütze versucht im Dunkeln diesen Punkt zu treffen. Auf erhöhte Sicherheit beim Schießen im Dunkeln zu achten.

Teilnehmerzahl: beliebig

Material: Laserpointer

Schießen mit der „schwachen" Hand

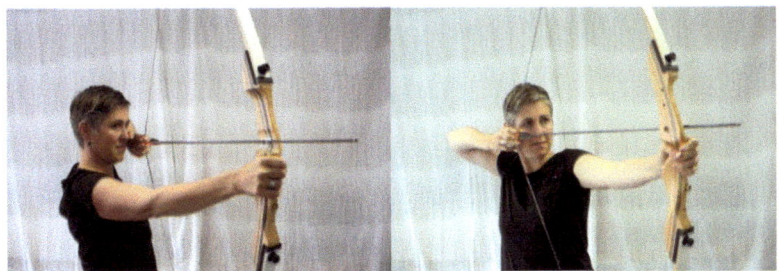

Um sowohl beide Körper- als auch beide Gehirnhälften zu schulen, kann das Schießen mit der „schwachen" Hand trainiert werden, d.h. Rechtshandschützen schießen mit der linken Hand und umgekehrt.

Übungen und Spiele für den traditionell-intuitiven Bogenschützen

TEIL II
SPIELE

Tic Tac Toe

Inhalt:

Die Zielscheibe wird mit Klebeband in 9 gleichmäßige Felder unterteilt.

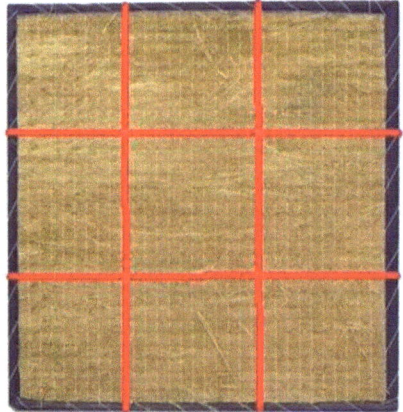

2 Schützen treten gegeneinander an. Die beiden Schützen schießen immer abwechselnd einen Pfeil ab und versuchen die Felder abzudecken. Ziel jedes Schützen ist es, mit seinen Pfeilen 3 Felder in der Waagerechten, Senkrechten oder Diagonalen zu besetzen. Damit man sieht, wer welches Feld besetzt hat, sollten die Pfeile, z.B. durch verschiedene Farben der Federn zu unterscheiden sein. Jeder Schütze hat 6 Pfeile zur Verfügung. Versenkt Schütze B einen Pfeil in einem Feld,

in dem bereits ein Pfeil des Schützen A steckt, so wird der Pfeil von Schütze B aus dem Spiel genommen. Das Spiel ist zu Ende, wenn ein Schütze 3 Felder entsprechend besetzt hat oder ein Unentschieden entsteht.

Teilnehmerzahl: 2

Material: Klebeband

LARP-Golf

Inhalt:

Von einer großen Entfernung aus, muss mit möglichst wenigen Schüssen ein Ziel erreicht werden. Es gibt einen festgelegten Startpunkt und ein festgelegtes Ziel. Das Ziel ist z.b. mit einem bunten Kegel oder einer Frisbeescheibe markiert. Der erste Schütze startet vom Anfangspunkt aus und löst seinen LARP-Pfeil. Dort wo der Pfeil landet, positioniert sich der Schütze und nimmt seinen Pfeil auf und wartet bis die nächsten Schützen ihren Pfeil gelöst haben. Dann startet Schütze Nr. 2 und positioniert sich ebenfalls dort, wo sein Pfeil gelandet ist (beliebig fortsetzen). Wenn alle Teilnehmer ihren ersten Pfeil geschossen haben, geht es an den nächsten Schuss.

Ziel ist es, am Ende die Frisbeescheibe/den Kegel zu treffen. Wer am wenigsten Schüsse gebraucht hat, hat gewonnen.

Teilnehmerzahl: mind. 2

Material: LARP-Pfeile, Kegel, Frisbeescheibe

Bogenkniffel

Inhalt:

Dieses Spiel ist an das Würfelspiel „Kniffel" angelehnt. Es können beliebig viele Schützen teilnehmen. Auf eine Zielscheibe wird eine Auflage befestigt, auf der alle sechs Würfelseiten abgebildet sind.

Jeder Schütze erhält einen Spielzettel, auf dem die erschossenen „Würfelaugen" eingetragen werden. Es wird eine Reihenfolge der Schützen festgelegt. Jeder Schütze darf nacheinander 5 Pfeile schießen und muss nun versuchen mit möglichst hohen Werten seine Felder auf dem Spielzettel auszufüllen.

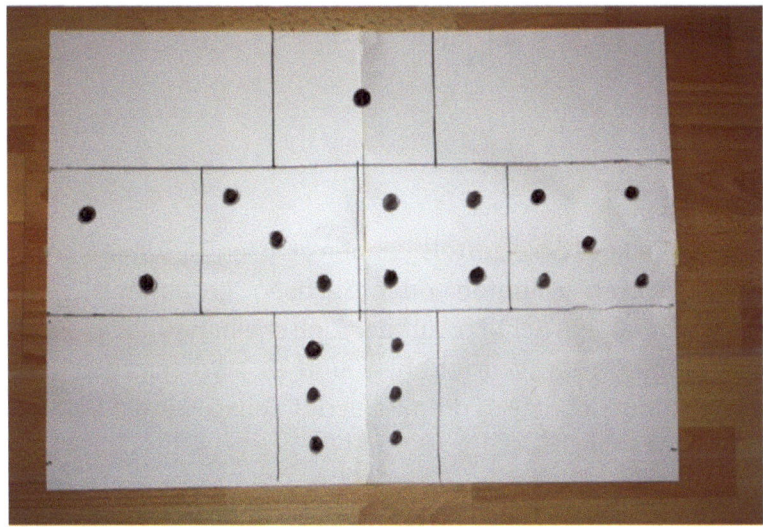

Name: ....

		1	2	3	4	5	6	7
1er	nur Einser zählen							
2er	nur Zweier zählen							
3er	nur Dreier zählen							
4er	nur Vierer zählen							
5er	nur Fünfer zählen							
6er	nur Sechser zählen							
Gesamt								
Bonus 63+	35 Punkte							
Gesamt oberer Teil								
Dreierpasch	alle Augen zählen							
Viererpasch	alle Augen zählen							
Full House	25 Punkte							
Kleine Straße	30 Punkte							
Große Straße	40 Punkte							
Kniffel	50 Punkte							
Chance	alle Augen zählen							
Gesamt unterer Teil								
Gesamt oberer Teil								
Endsumme								

Im oberen Teil des Spielzettels können „Einsen", „Zweien", „Dreien", „Vieren", „Fünfen" oder „Sechsen" gesammelt werden. Schießt ein Schütze auf der Zielscheibenauflage z.B. 3 x „Würfelzahl 4", 1 x „Würfelzahl 2" und 1 x „Würfelzahl 5", so könnte sich der Schütze 12 Punkte in der Zeile „Nur die Vieren zählen" eintragen.

Im unteren Teil kann ein Dreierpasch (z.B. 3 x „Würfelzahl 4"), ein Viererpasch (z.B. 4 x "Würfelzahl 5") oder ein Fullhouse (1 Zweierpasch = z.B. 2 x „Würfelzahl 3" und 1 Dreierpasch = z.B. 3 x „Würfelzahl 6") erschossen werden. Weiterhin gibt es die kleine Straße (4 aufeinanderfolgende Würfelzahlen) oder die große Straße (5 aufeinanderfolgende Würfelzahlen), den Kniffel (Fünferpasch) sowie die „Chance" (hier können einmalig alle 5 Werte addiert werden, wenn nichts anderes eingetragen werden kann. Ein Fehlschuss wird mit 0 Punkten gewertet).

Das Spiel ist beendet, wenn jeder Schütze seine Felder ausgefüllt hat. Alle erschossenen Werte werden addiert, der Schütze mit dem höchsten Wert, gewinnt.

Teilnehmerzahl: mind. 2

Material: Zielscheibenauflage „Würfelaugen", Spielzettel

Casino

Inhalt:

Es können beliebig viele Schützen an diesem Spiel teilnehmen. Ziel ist es, seinen Einsatz größtmöglich zu erhöhen. Das Spielfeld ist in verschiedene Felder aufgeteilt und orientiert sich an den Ringzahlen einer klassischen Zielscheibenauflage.

Im Spiel darf jeder Teilnehmer bei jedem Durchgang nur auf ein Feld setzen. Es ist möglich auf eine der Ringzahlen von 1-10 zu setzen. Es kann auf ein Feld gesetzt werden, dass die Farben der Ringzahlen wiedergibt (weiß, schwarz, blau, rot oder gelb). Weiterhin gibt es die Möglichkeit auf eine gerade (also 2,4,6, usw.) oder ungerade (also 1,3,5, usw.) Ringzahl zu setzen oder sich für eine Ringzahl von 1-5 oder für eine Ringzahl von 6-10 zu entscheiden.

Jeder Schütze bekommt vor dem Spiel seinen Einsatz ausgehändigt (z.B. 5 Gummibärchen, 5 Streichhölzer, 5 Pokerchips, etc.). Innerhalb der Schützen wird dann eine Reihenfolge festgelegt, in der geschossen wird (Schütze Nr.1, Schütze Nr. 2, ...usw.). Nun geht es los: Bevor Schütze Nr. 1

schießt, darf jeder 1 Teil seines Einsatzes (1 Gummibärchen, 1 Streichholz, etc.) auf eins der vorhandenen Felder legen. Jeder Schütze darf mitsetzen und sich so selbst einschätzen. Haben alle gesetzt, schießt der erste Schütze seinen Pfeil ab. Hat er den Pfeil gelöst, werden die Gewinne für diejenigen ausgezahlt, die richtig getippt haben. Der Einsatz, der nicht richtig getippt wurde, wird eingezogen.

Beispiel: Schütze Nr. 1 hat die Ringzahl Nr. 5 (blau) geschossen. Es gewinnen die Teilnehmer, die z.B. auf „ungerade" (2 fache Auszahlung: 2 Gummibärchen), „1-5" (2fache Auszahlung: 2 Gummibärchen), „blau" (5fache Auszahlung: 5 Gummibärchen) oder auf die Zahl „5" (10fache Auszahlung) gesetzt haben. Der falsch gesetzte Einsatz geht an die „Bank".

Teilnehmerzahl: mind. 2

Material: Gummibärchen/Streichhölzer/Pokerchips, Zielscheibenauflage, Spielfeld (siehe Abb.)

Trickshots (1.-7.)

Mittlerweile sind in der Literatur als auch im Internet eine Menge Trickshots für Bogenschützen zu finden, die Anhänger sowie die Ideen wachsen stetig. Einige Trickshots sollen hier dargestellt werden und zu eigenen Ideen anregen.

Inhalt:

1. Der Spiegel

Bekannt ist das Schießen mit Hilfe eines Spiegels. Der Schütze steht mit dem Gesicht in entgegengesetzter Richtung zum Ziel. Ein Assistent hält einen Spiegel so, dass der Schütze durch diesen das Ziel anvisieren kann. Durch den Spiegel muss der Schütze seitenverkehrt denken.

2. Schießen im Sitzen

Bei diesem Trickshot wird im Sitzen geschossen, der Bogen wird von einem Bein gehalten, gelöst wird normal mit der Hand. Hier besteht die Schwierigkeit durch die veränderte Position den Pfeil richtig anzuvisieren und ins Ziel zu bringen.

3. Luftballon

In eine Holzlatte werden in regelmäßigem Abstand 6 Haken angebracht, an die Ballons aufgehängt werden können. Diese Konstruktion wird aufgehängt, so dass die Ballons nach unten hängen. Nun kann man versuchen mit einem Schuss alle 6 Ballons zum Platzen zu bringen.

4. Röhre

Eine Pappröhre wird an 2 Karabinern vor eine Zielscheibe gehängt. Ziel ist es, durch die Röhre die Zielscheibe zu treffen. Dabei sollte die Zielscheibe so nahe an der Röhre stehen, dass sich bei einem Treffer in die Zielscheibe, ein Teil des Pfeiles noch in der Röhre befindet. So kann man sicher feststellen, ob man wirklich durch die Röhre getroffen hat. Man kann aber auch ein Stück Transparentpapier vor die Röhre kleben, die der Pfeil durchschlägt.

5. Kartentrick

Vor eine Zielscheibe werden 2 Karten in einem Abstand von etwa 30 cm so befestigt, dass sie direkt in einer Linie hintereinander liegen. Ziel ist es mit einem Schuss beide Karten so zu treffen, dass der Pfeil durch die erste Karte schlägt, diese mitnimmt, durch die zweite Karte schlägt, diese ebenfalls mitnimmt, so dass der Pfeil letztlich mit beiden Karten am Schaft in der Zielscheibe stecken bleibt.

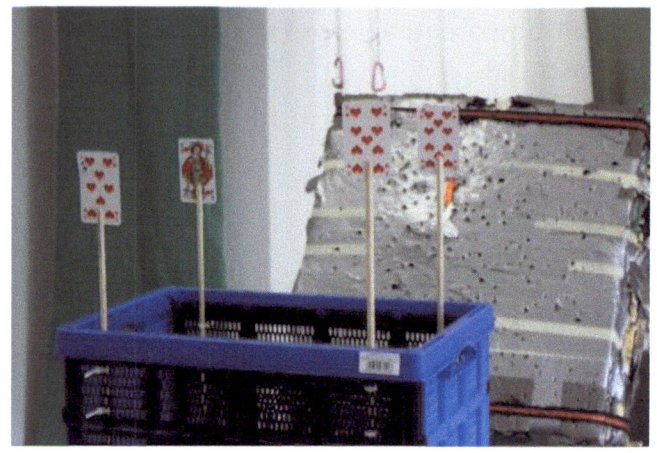

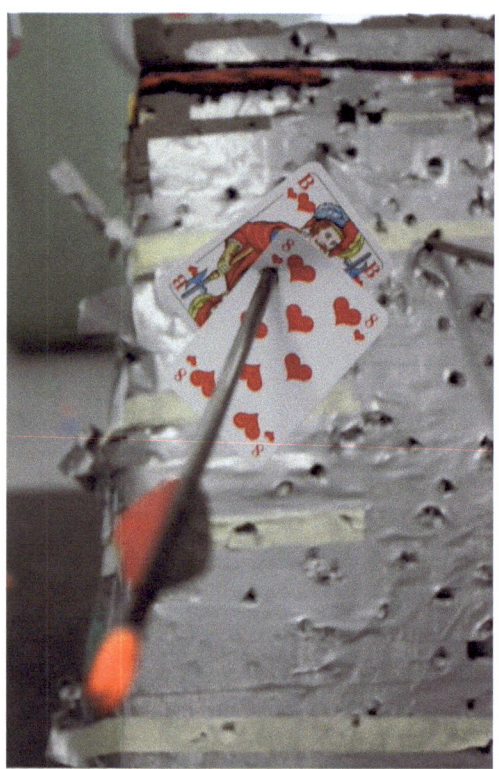

6. Katapult

Ein Brett (80 cm lang) wird mittig auf einem Stück Abflussrohr aufgesetzt und befestigt (Löcher durch Brett und Rohr bohren und mit Kabelbindern befestigen), so dass man hier eine Wippe hat. Auf das eine Ende setzt man ein zu treffendes Ziel, mit dem Fuß tritt man auf das andere Ende, so dass das Ziel in die Luft katapultiert wird. Die Schützen versuchen das fliegende Ziel zu treffen. (Die Person, die das Katapult bedient muss sich aus Sicherheitsgründen z.B. hinter einer Wand befinden. Um die Sicherheit zu erhöhen, sollte hier mit LARP-Pfeilen geschossen werden).

7. Ring

Der Ring bietet zahlreiche Varianten zum Schießen. Man kann versuchen durch den Ring zu schießen oder ihn direkt zu treffen. Das Ziel kann angestoßen werden und eignet sich also auch als Pendelziel. Er kann aber angedreht werden, so dass er sich um seine eigene Achse dreht und gleichzeitig in Schwingung gebracht werden. Eine Herausforderung sind diese Varianten auch, wenn man einen Luftballon mittig in den Ring setzt, der zum Platzen gebracht werden muss.

Teilnehmerzahl: mind. 1

Material: Spiegel, Stuhl, Dachlatte mit Haken und Luftballons, Pappröhre, Spielkarten, Katapult aus Brett, Abflussrohr und Kabelbindern, Ring (Strohkranz).

Verrückte Zielscheibe

Inhalt:

Eine WA-Zielscheibenauflage wird in vier gleichgroße Quadrate auseinander geschnitten und neu zusammengesetzt. So ergibt sich eine neue Auflage, die konfus wirkt und den Schützen auf den ersten Blick verwirrt. Mithilfe dieser Zielscheibe kann der Schütze wunderbar seine Konzentration schulen.

Mit verschiedenen Zielvorgaben, wie „blau, links, oben" oder „gelb, rechts, unten" oder „Ringzahl 4, links, unten" usw. kann der Schütze seine Zielgenauigkeit üben, ohne sich vom verworrenen Gesamtbild ablenken zu lassen.

Teilnehmerzahl: 1 - beliebig

Material: Zielscheibenauflage

Namen und Wörter Schießen

Inhalt:

Ausgangssituation ist eine Papierauflage mit 24 Feldern, auf denen der Reihe nach alle Buchstaben des Alphabets abgebildet sind (die Buchstaben V und W sowie X und Y sind jeweils in einem Feld zusammengefasst).

Nun können die Schützen versuchen ihre Vornamen zu schießen. Dabei geben die Anzahl der Buchstaben des jeweiligen Vornamen, die Anzahl der Pfeile vor, die jeder Schütze erhält. So erhält Schütze „Jonas" (5 Buchstaben) 5 Pfeile, Schützin „Caroline" (8 Buchstaben) 8 Pfeile. Nun versucht jeder Schütze der Reihe nach die Buchstaben seines Vornamen zu schießen („J", „O", „N", „A", „S").

A	B	C	D
E	F	G	H
I	J	K	L
M	N	O	P
Q	R	S	T
U	V/W	X/Y	Z

Selbstverständlich können auch Teams gegeneinander antreten und versuchen x-beliebige Wörter zu schießen.

Teilnehmerzahl: 1 – beliebig

Material: Zielscheibenauflage „Alphabet"

Karten schießen

Inhalt:

Geschossen wird auf Karten eines „Skatspiels". Ziel ist es möglichst viele Punkte zu erzielen. Dabei entsprechen die Karten mit den Nummern ihrem Zahlenwert: die Karte „Pik 7" ergibt 7 Punkte. Bube, Dame, König ergeben jeweils 10 Punkte, das As ergibt 11 Punkte.

Die Karten können in verschiedenster Art und Weise auf der Zielscheibe angeordnet werden.

Es können einzelne Schützen oder Teams gegeneinander antreten.

Teilnehmerzahl: 1 – beliebig

Material: Skatspiel

Wettrennen

Inhalt:

Mindestens 2 Schützen treten parallel mit einer festen Anzahl von Pfeilen (z.b. jeder erhält 6 Pfeile) gegeneinander an. Jedem Schützen wird eine Person zugeteilt, die für den Schützen würfelt. Bevor es losgeht, wird vereinbart, bei welchen gewürfelten Augenzahlen der Schütze schießen darf, z.b. bei „4". Auf ein gemeinsames Startkommando hin, fängt jeder Würfler an für seinen Schützen zu würfeln. Jedes Mal, wenn eine „4" gewürfelt hin, gibt der Würfler dem Schützen ein Kommando, wie „Schuss" oder „Los" und der Schütze darf auf die Zielscheibe schießen. Der Würfler würfelt erst dann weiter, wenn der Schütze seinen Pfeil verschossen hat. Es wird solange gespielt, bis der Schütze keine Pfeile mehr hat.

In einer einfachen Variante gewinnt das Paar, das seine Pfeile zuerst komplett verschossen hat. In der gehobenen Variante wird von jedem Paar (Schütze/Würfler) die Zeit genommen. Zudem kann man auch die Schüsse anhand der Zielscheibe auswerten. Beides, Zeitmessung als auch erschossene Ringzahlen, können kombiniert in die Wertung miteinfließen.

Das Spiel kann man insofern ausweiten, indem der Schütze bei 2 Zahlen schießen darf, z.B. bei „2" und „5". Weiterhin kann der Würfler 2 Würfel verwenden und der Schütze darf erst dann schießen, wenn die Summe beider Augenzahlen z.B. „7" ist (also „5" und „2" oder „1" und „6", usw.)

Teilnehmerzahl: Mind. 2

Material: Zielscheibenauflage, 1-2 Würfel

Punktgenau

Inhalt:

Jeder Schütze erhält 6 Pfeile. Nun würfelt jeder Schütze mit 10 Würfeln einen Wert, der danach punktgenau auf eine Zielscheibenauflage mit 6 Pfeilen erschossen werden sollte.

Teilnehmerzahl: 1 – beliebig

Material: Zielscheibenauflage, 10 Würfel

Querbeet

Inhalt:

Grundlage dieser Übung bildet folgendes Schema:

1 = weiß	1 = auf linkem Bein stehend	1 = Distanz 10 m
2 = Ringzahl 4	2 = auf rechtem Bein stehend	2 = Distanz 11 m
3 = rot	3 = kniend	3 = Distanz 12 m
4 = Ringzahl 7	4 = sitzend	4 = Distanz 13 m
5 = gelb	5 = mit Rücken zur Zielscheibe	5 = Distanz 14 m
6 = Ringzahl 2	6 = normaler Stand	6 = Distanz 15 m

Dieses Schema zeigt an, was und wie jeder Schütze schießen soll. In allen Spalten entsprechen die Zahlen der Augenzahlen des Würfels. In der ersten Spalte sind gemischt je nach eigenem Ermessen Farben bzw, Ringzahlen der Zielscheibenauflage verzeichnet. In der zweiten Spalte wird angezeigt, wie man schießen soll („kniend" = ein Bein steht angewinkelt, auf dem anderen Bein kniet man / „sitzend" im Schneidersitz / „mit Rücken zur Zielscheibe" = hier dreht man seinen Oberkörper in Richtung Zielscheibe).

Die dritte Spalte zeigt die Distanz an, von der geschossen wird. Im Vorfeld werden je nach Möglichkeiten verschiedene Distanzen festgelegt.

Nun gehts los: der Schütze würfelt 3 x nacheinander mit einem Würfel. Der erste Wurf gibt an, auf welche Farbe bzw. auf welche Ringzahl der Schütze schießen soll. Der zweite Wurf zeigt an, wie der Schütze schießen soll und der letzte Wurf entscheidet, aus welcher Distanz geschossen wird.

Würfelt der Schütze z.B. die Zahlen „5", „2" und „4", dann sollte der Schütze versuchen die gelben Ringe zu treffen, steht dabei lediglich auf seinem rechten Bein und schießt dabei aus 13 m Entfernung. Es versteht sich von selbst, dass bei mehreren Schützen aus Sicherheitsgründen niemals gleichzeitig aus unterschiedlichen Distanzen geschossen wird!

Teilnehmerzahl: 1 – beliebig

Material: Schema, 1 Würfel, Zielscheibenauflage

1 Minute

Inhalt:

Ziel ist es, innerhalb einer Minute so viele Pfeile wie möglich auf die Zielscheibe zu schießen. Dies kann in normal stehender, aber auch in kniender Position passieren. Wer die meisten Pfeile in die Zielscheibe gebracht hat, hat gewonnen. Als Erweiterung kann dies auch auf eine FITA-Zielscheibe passieren, auf der man dann die Punkte zusammenrechnen kann. Dies ist ein spannendes Training, um zwar schnell, aber sauber zu schießen.

Teilnehmerzahl: 1 – beliebig

Material: Stoppuhr

Puzzlezeit

Inhalt:

Bei diesem Spiel treten 2 gleichstarke Teams mit jeweils 2-3 Spielern gegeneinander ein. Team 1 puzzelt, Team 2 schießt. Es gibt ein gemeinsames Startsignal, worauf hin Team 1 versucht ein Puzzle so schnell wie möglich fertig zu puzzeln.

So lange das Team 1 damit beschäftigt ist, versucht Team 2 so viele Pfeile wie möglich auf die Zielscheibe zu bringen. Hat das Team 1 das Puzzle fertig, ruft es „Stop" und Team 2 muss aufhören zu schießen. Die Anzahl der getroffenen Pfeile wird gewertet. Danach tauschen die Teams. Das Team, welches mehr Pfeile in der Zielscheibe hat, gewinnt.

Teilnehmerzahl: 4-6

Material: Puzzle

Plus/Minus

Inhalt:

Bei diesem Spiel macht es am meisten Spaß, wenn Teams (z.B. 3 x 3 Schützen) gegeneinander aneinander antreten, es kann aber auch alleine gespielt werden. Jedes Team erhält eine gleiche Anzahl an Pfeilen (z.B. 3 x 3 Pfeile = 9 Pfeile pro Team), dabei gewinnt das Team, welches die meisten Punkte geschossen hat. Den fünf Ringfarben der WA-Zielscheibe werden Punkte folgendermaßen zugeordnet: Ein Treffer in die weißen oder blauen Ringe ergibt +5 Punkte, bei einem Treffer in die schwarzen oder roten Ringe werden 5 Punkte abgezogen.

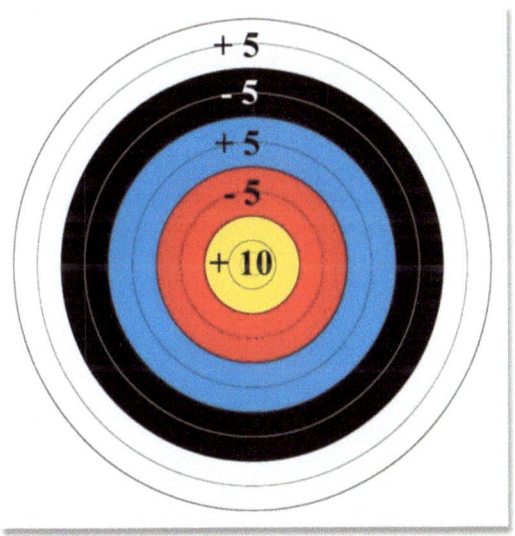

Bei einem Treffer in die gelben Ringe werden zehn Punkte addiert. Die 9 Pfeile werden nach dieser Art und Weise zu einem Gesamtergebnis für jedes Team ausgewertet.

Teilnehmerzahl: 1 – beliebig

Material: WA-Auflage

Torwandschießen

Das Torwandschießen wird am besten mit LARP-Pfeilen durchgeführt. Ziel ist es, die Pfeile durch verschieden große Löcher hindurch zu schießen.

Teilnehmerzahl: 1 – beliebig

Material: Selbstgebaute Torwand

Reiterkampf

Beim Reiterkampf versucht man in Bewegung seinen Pfeil ins Ziel zu bringen. Dabei schiebt eine zweite Person den Schützen, der z.B. in einer Schubkarre sitzt, vorwärts.
Dies ist nur für sehr sichere Schützen gedacht.

Teilnehmerzahl: Mind. 2

Material: Schubkarre

Büchsenwerfen

10 Blechdosen werden als Pyramide gestapelt. Mit 3 LARP-Pfeilen wird versucht die Pyramide abzuräumen.
Stehen gebliebene Dosen werden als Minuspunkte gewertet.

Teilnehmerzahl: 1-beliebig

Material: Leere Blechdosen

Schatzsuche

in einem abgegrenzten Spielfeld treten 2 Gruppen mit max. je 3 Spielern mit LARP-Pfeilen gegeneinander an. Jede Gruppe besitzt einen Schatz (z.B. eine Frisbee) auf ihrer Spielseite, den sich die andere Gruppe erobern muss. Jeder Spieler hat dabei nur einen LARP-Pfeil. Entweder hat jeder Spieler nur einen Schuss oder nach einem gelösten Pfeil darf dieser beliebig oft aufgenommen werden.

Wer von einem LARP-Pfeil getroffen wurde, scheidet aus und geht aus dem Spielfeld hinaus. Bei diesem Spiel kommt es auf Taktik und Strategie an (Wie geht die Gruppe vor, um den Schatz zu erobern?).

Teilnehmerzahl: 6

Material: Frisbee

LARP-Brennball

Es werden 2 Mannschaften gebildet und ein Spielfeld abgesteckt (je nach Größe mit 4, 6 oder mehr Wegepunkten/Hütchen). Mannschaft 1 (vor dem Spielfeld stehend) schießt einen LARP-Pfeil ins Spielfeld, der von Mannschaft 2 im Feld in bestimmte vorher gekennzeichnete Spielbereiche verbracht werden muss. Während dieser Aktion hat Mannschaft 1 Zeit seine Mitspieler das Feld umrunden zu lassen.

Teilnehmer: Mind. 4

Material: Hütchen zum Abgrenzen der Spielfläche

Luftballons schießen

Auf eine Zielscheibe werden Luftballons angebracht, die zerschossen werden sollen.

Als Variante muss jeder Schütze vor dem Schuss sagen, welchen Ballon er treffen möchte.

Teilnehmerzahl: 1 – beliebig

Material: Luftballons

Biathlon

Idealerweise treten hier 2 Schützen bzw. 2 Mannschaften gegeneinander ein. Jeder Schütze schießt dabei auf seine eigene Scheibe. Auf der Zielscheibe werden 5 gleichgroße Felder (Größe z.b. 15 cm x 15 cm) abgegrenzt.
Vorab wird eine Wegstrecke abgesteckt und die Anzahl der Runden vereinbart. Eine Runde beinhaltet das Bewältigen der Wegstrecke und das Schießen von 5 Pfeilen auf die 5 Felder in schnellstmöglicher Zeit, wobei jedes Feld einmal getroffen werden muss. Werden 3 Runden absolviert benötigt jeder Schütze also 15 Pfeile. Es kann vereinbart werden, dass jedem Schützen für jede Runde ein Ersatzpfeil zur Verfügung steht. Der Punkteendstand sollte sich aus einer Zeit- und einer Punktwertung zusammensetzen.
Dieses Spiel kann auch als Staffellauf mit mehreren Schützen gespielt werden.

Jagdparcours mit Tierattrappen

Entlang einer festgelegten, gesicherten und unfrequentierten Strecke, werden Attrappen (hier eignen sich gefüllte Jutesäcke) aufgestellt. Diese müssen geortet und "erlegt" werden. Der Weg wird dabei nicht verlassen. Ein Ziel wird ausschließlich unter Anleitung und kontrolliert als Gruppe beschossen.

Kerzen schießen

Der Schütze versucht mit seinem Pfeil die Flamme einer Kerze auszuschießen. Es können auch mehrere Kerzen hintereinander aufgestellt werden. Als Variante kann dies auch im Dunkeln passieren.

Teilnehmerzahl: 1

Material: Kerzen

Die Strichliste

Alle Bogenschützen geben Ihre Schüsse gleichzeitig ab. Wer den besten Schuss von allen erzielt hat, bekommt einen Strich, den er vermerken darf. Das Spiel kann beliebig lange dauern, wer am Schluss die meisten Striche hat, ist Sieger.

Teilnehmerzahl: Mind. 2

Material: Zielscheibenauflage

150

Jeder Bogenschütze hat ein Startkapital von 150 Punkten. Für jeden Bogenschützen wird seiner Leistung entsprechend ein Schnitt (z. B. 8) festgelegt.

Jeder hat nun die Aufgabe, mit einem von jeweils zwei Schüssen seinen Schnitt zu erreichen. Im Beispiel würde das bedeuten, dass der Bogenschütze mindestens einmal die 8, 9 oder 10 treffen muss. Gelingt ihm dies, darf er mit den beiden Schüssen erreichte Punktzahl von seinen 150 Punkten abziehen. Erfüllt er die Aufgabe nicht, werden die geschossenen Ringe dazugerechnet. Sieger ist derjenige, der zuerst bei Null angelangt ist.

Das Spiel kann als Variante auch als Mannschaftsspiel gespielt werden. Jeweils 2 Bogenschützen bilden eine Mannschaft und jeder schießt nur einen Pfeil.

Teilnehmerzahl: 2-4

Material: Zielscheibenauflage

Schiffe versenken

Bei dieser abgewandelten Variante schießen 2 Schützen gegeneinander.
Grundlage bildet ein Raster aus 25 Feldern auf der Zielscheibe, wie auf dem Foto zu sehen. Jeder Schütze erhält das Raster noch einmal in Papierform, auf welches er seine Treffer, Nicht-Treffer als auch die gegnerischen Schüsse einträgt. Nun trägt jeder Schütze auf diesem Raster 2 x 3er-Schiffe (ein 3er-Schiff kann z.B. auf C1-C2-C3 liegen) sowie 2 x 2er-Schiffe ein, die der Gegner nicht sehen darf. Die Schiffe dürfen lediglich waagrecht oder senkrecht liegen und sie dürfen sich nicht direkt berühren, sondern lediglich an den Ecken. Die Größe und Anzahl der

Schiffe als auch die Größe des Rasters kann natürlich variiert werden.

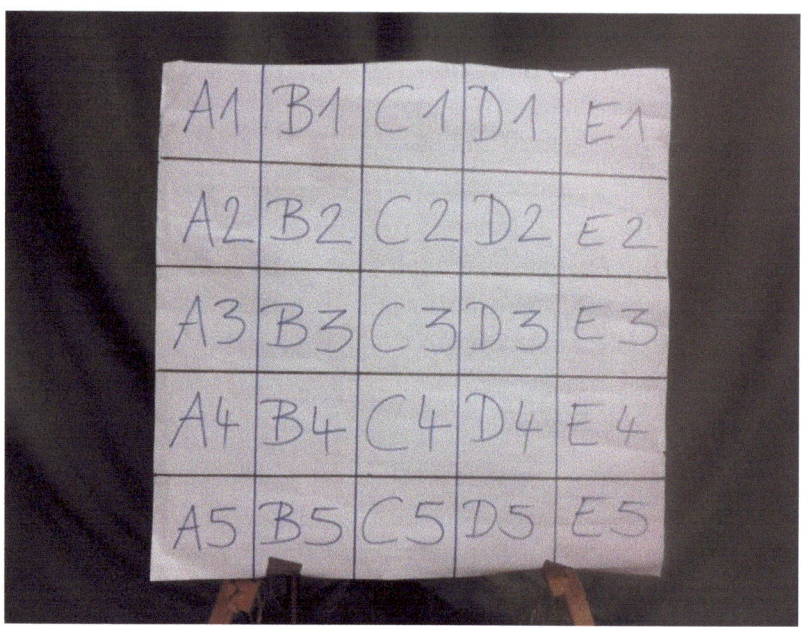

Schütze A macht 2 Schüsse auf das Raster, Schütze B muss preisgeben, ob eines seiner Schiffe getroffen wurde oder nicht. Dann wird getauscht. Wenn ein Schiff komplett getroffen wurde, muss dies der Gegnerische Schütze mitteilen („Schiff versenkt"). Wer zuerst die gegnerischen Schiffe versenkt hat, gewinnt.

Teilnehmerzahl: Mind. 2

Material: Raster

Balken schießen

Mit Klebeband werden etwa 10 cm breite Balken auf die Zielscheibe geklebt. Im ersten Durchgang wird auf waagerechte Balken, im zweiten Durchgang auf senkrechte Balken geschossen. Pro Balken werden 10 Schuss gemacht. Die Schüsse die den Balken getroffen haben, werden als Plus gewertet, die Schüsse, die den Balken nicht treffen, werden als Minus gewertet. Dies ist eine hervorragende Methode um Seiten- oder Höhenschwankungen in den Griff zu bekommen, bzw. um die Schützen zu einem sauberen Einrichten der Nullpunktstellung anzuleiten.

Teilnehmerzahl: 1-beliebig

Material: Klebeband

Wettrennen

Alle Mitspieler werden in zwei Mannschaften aufgeteilt. Jede Mannschaft gibt abwechselnd immer nur einen Schuss ab. Die getroffenen Ringe werden der jeweiligen Mannschaft gutgeschrieben. Ausnahme: Bei einer 8 werden 10 Ringe, bei einer 9 werden 15 Ringe und bei einer 10 werden 20 Ringe gutgeschrieben. Die Mannschaft, die als erste genau 150 Ringe erzielt hat, hat gewonnen.

Teilnehmerzahl: Mind. 2

Material: Zielscheibenauflage

Die glückliche Hand

Ein doppeltes Kartenspiel (Rommé) wird gemischt. Jeder Teilnehmer darf 5 Karten ziehen. Bube, Dame, König zählen jeweils 10, As 11, alle übrigen Karten zählen den Wert, mit dem sie beziffert sind. Jeder Schütze hat nun 6 Schuss zur Verfügung, um den Kartenwert, addiert aus den 5 Karten, zu übertreffen. Gelingt ihm das, bekommt er 2 Punkte gutgeschrieben. Trifft er genau die Summe der Karten, bekommt er 1 Punkt. Das kann nun beliebig wiederholt werden. Wer die meisten Pluspunkte hat, ist Sieger.

Teilnehmerzahl: 1-beliebig

Material: Zielscheibenauflage, Rommé-Spiel

Betten bauen

Bei diesem Spiel ist es sinnvoll, kleine, im Leistungsniveau etwa gleichstarke Gruppen zu bilden. Jeder Teilnehmer bekommt 15 Schuss Munition. Alle Schützen einer Gruppe geben gleichzeitig einen Schuss ab, der dann sofort ausgewertet wird. Der Schütze in der Gruppe mit dem besten Schuss darf sein Bett bauen, d.h. auf einem Blatt Papier einen Strich entsprechend einer vorgefertigten Vorlage ziehen. Bei Ringgleichheit dürfen beide Schützen einen Strich ziehen. Sieger ist, wer zuerst sein Bett fertig gezeichnet hat

Rechenaufgabe

Jeder Schütze hat fünf Schuss. Der erste Schuss muss viele Ringe bringen, z.b. eine Zehn, der zweite Schuss wird dazu gezählt, also auch eine Zehn: 10+ 10 = 20.
Der dritte Schuss wird abgezogen, also wenig schießen, z.b. eine eins 10 + 10-1 - 19.
Mit dem vierten Schuss wird multipliziert, also viele Ringe schießen, z.b. eine 10:
10+10-1=19x10=190.
Durch den fünfte Schuss wird dividiert, also wenig schießen, z.b. eine eins: 10+10-1 = 19 x 10 190:1 = 190.
Das wäre die höchste Zahl, die zu erreichen ist.
Der Schütze mit der höchsten Ringzahl ist Sieger.

Teilnehmerzahl: 1 – beliebig

Material: Zielscheibenauflage

Gleiche Ringzahl

Jede Mannschaft besteht aus 2 Schützen. In jedem Durchgang schießen die Partner abwechselnd. Die Schützen jeder Mannschaft müssen versuchen, die gleiche Ringzahl zu treffen, denn nur gleiche Ringzahlen werden gewertet. Insgesamt werden 10 Durchgänge geschossen.

Schießen beide Schützen eines Teams eine 8, erhalten Sie als Team 16 Punkte. Sieger ist das Paar mit der höchsten Punktzahl.

Teilnehmerzahl: 4

Material: Zielscheibenauflage

Abfahrt

Begonnen wird dieses Spiel bei 200 Punkten, die auf Null Punkte abgebaut werden sollen. Die Ringzahlen 1, 2, 3, 4, 5, 7, 9 und 10 werden abgezogen, die Ringzahien 6 und 8 werden aber wieder addiert.
Alle Schützen geben ihre Schüsse gleichzeitig ab, und derjenige Schütze, der zuerst Null Punkte erreicht, ist Sieger.

Teilnehmerzahl: Mind. 2

Material: Zielscheibenauflage

Ringkampf

Es werden zwei Mannschaften gebildet. Jede Mannschaft muss die gleiche Anzahl Schützen haben. Insgesamt werden 20 Schuss geschossen. Die Schützen beider Mannschaften schießen gleichzeitig. Nach jedem Schuss werden die Ergebnisse verglichen, und nur die höchste Ringzahl jeder Mannschaft wird notiert. Die anderen Ergebnisse fallen weg. Am Schluss werden alle Einzelergebnisse zusammengezählt, und der Endpunktestand entscheidet über Sieg und Niederlage.

Teilnehmerzahl: Mind. 4

Material: Zielscheibenauflage

6 Tage Rennen

6 Tage - Rennen (Einzelwettbewerb). Die Schützen schießen an jedem der sechs Tage fünf Schuss. Am ersten Tag wird die Ringzahl gewertet, die geschossen worden ist. Am zweiten Tag wird das Ergebnis der fünf Schuss verdoppelt, am dritten Tag verdreifacht, am vierten Tag mit vier multipliziert, am fünften Tag mit fünf und am sechsten Tag wird die Ringzahl der fünf Schuss mit sechs multipliziert.
Die Ergebnisse der sechs Tage werden dann zusammengezählt und der Schütze mit der höchsten Ringzahl ist Sieger.

Teilnehmerzahl: 1-beliebig

Material: Zielscheibenauflage

C. Meditatives Bogenschießen

Eine gute Möglichkeit, sich dem Bewegungsablauf des Bogenschießens bewusst zu werden sowie sich dem meditativen Schießen zu nähern, ist die Anwendung der Zwölf-Schritt-Methode (nach Detlef Loth). Diese detaillierte Abfolge führt zu einem sehr sauberen Bewegungsablauf und festigt den intuitiven Schießstil.

Wichtig ist, diese 12 Schritte stets sehr bewusst und sehr genau auszuführen, damit sich der Bewegungsablauf mehr und mehr richtig automatisiert.

Das Zielen spielt dabei eine untergeordnete Rolle, die Sicht auf den eigenen Körper, ein achtsamer Umgang mit sich und dem Material sowie der nach innen gerichtete Blick sind entscheidend. Auch in Verbindung mit verschiedenen Techniken wie der Sitz- oder Gehmeditation kann das Bogenschießen als Entspannungstechnik eingesetzt werden.

Folgende Schritte werden hierbei vollzogen:

1. Ich bin bereit

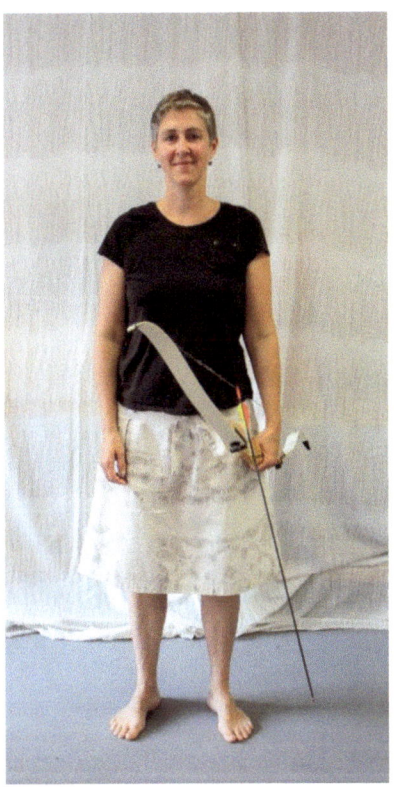

Der Schütze steht im rechten Winkel zur Zielscheibe, die Linie, die durch die Schulter zu denken ist, weist auf die Zielscheibe. Der Bogen mit dem auf der Sehne aufgenockten Pfeil wird am locker herabhängenden Arm so in der Hand gehalten, dass die Sehne zwischen Arm und Körper eine Waagrechte bilden.

2. Ich suche das Ziel

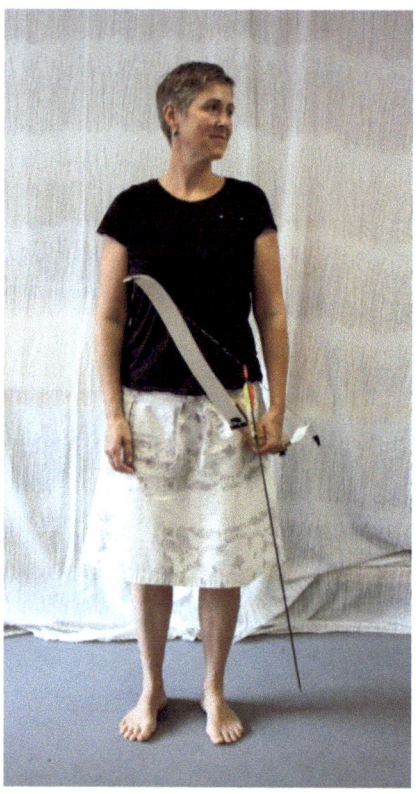

Der Kopf wird vertikal in Richtung Ziel gedreht, so erfolgt die erste optische Anvisierung des Ziels.

3. Ich führe den Bogen zum Ziel

Der Bogenarm wird bis zur Schulterhöhe gehoben und um 90°
in die Frontalebene eingeordnet.

4. Ich nehme die Kraft

Der Schütze hebt den freien Arm in Schulterhöhe in die Verlängerung der Schulterlinie und bildet ein ausgewogenes „T".

5. Ich lege die Hand an die Sehne

Aus der Weite der Streckung beugt sich nun der freie Arm zur Sehne hin und die Finger der Hand werden um den Nockpunkt der Sehne organisiert.

6. Ich ziehe die Sehne aus

Der Bogenarm stemmt sich in den Bogen und drückt, der Zugarm hält die Sehne und zieht sie entgegengesetzt zum Ziel Richtung Kopf. Die Spannung wird durch Rücken- und Schultermuskulatur gehalten.

7. Ich ankere

Die Zughand wird an einem selbst festzulegenden Punkt im Gesicht geankert (z.B. Kinn, Kiefer etc.), dieser Ankerpunkt sollte, einmal gefunden, stets beibehalten werden.

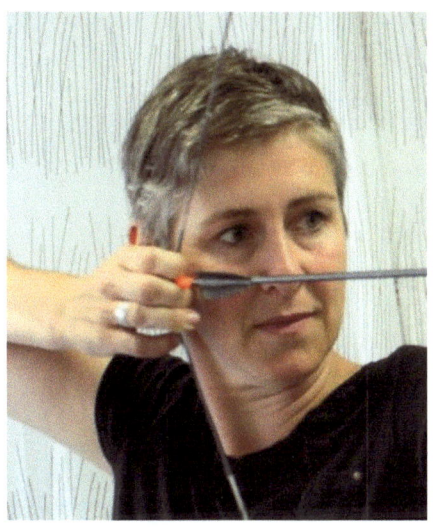

8. Ich ziele

Das Ziel wird anvisiert, so dass Sehnenschatten, Wurfholz und Zielpunkt ein gemeinsames charakteristisches Zielbild ergeben.

9. Ich schieße

Die drei Fingerkuppen werden gleichmäßig abgelassen. Der Pfeil schnellt ins Ziel

10. Ich schaue dem Pfeil nach

Nach dem Schuss verfolgt der Schütze in beibehaltender Stellung den Flug des Pfeils, er lässt den Schuss nachhallen.

11. Ich löse

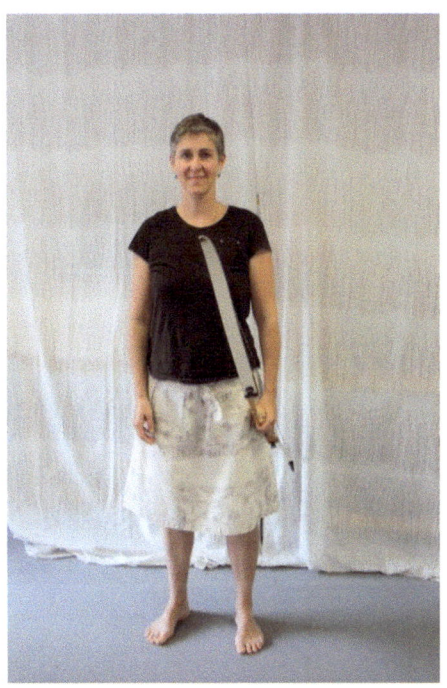

Die Abschusshaltung wird gelöst, indem die Arme sinken und wieder locker herabhängen, die Füße werden zusammengestellt, der Blick richtet sich offen nach vorne.

12. Ich habe geschossen

Zur Bekräftigung des Getanen, spricht der Schütze, „Ich habe geschossen" und macht sich deutlich, dass durch seine Aktivität eine Wirkung in der Welt hervorgerufen wurde, mit der er ursächlich verbunden ist.

D. Kreativprojekte

1. Besteckpfeile

Geeignet für Jugendliche als Angebot zum Beispiel im Rahmen eines Projekts zum Thema „Bogenbau/Pfeilbau", ist die Herstellung von verschiedensten Pfeilspitzen aus Besteck, was nicht mehr benötigt wird. Hierzu eignen sich insbesondere kleine Löffel.

Zur Bearbeitung wird ein kleiner Löffel auf einer festen Metallunterlage (Amboss, Schraubstock) mit einem Hammer glatt geschlagen. Hier ist wichtig, diesen Löffel abwechselnd auf beiden Seiten mit jeweils mehreren Schlägen zu bearbeiten, damit keine Wölbungen entstehen. Der „Rohling" wird nun entweder an einem Schleifgerät oder mittels Feilen scharf geschliffen. Hier sind der Kreativität hinsichtlich der Form keine Grenzen gesetzt. Nach dem Schleifen, wird der Löffelstil mit einer Metallsäge so weit gekürzt, dass ein kurzer Schaft von ca. 2 cm Länge übrig bleibt. Dieser Löffelschaft kann nun in einen Holz-Pfeilschaft eingearbeitet werden.

An dieser Stelle möchten wir darauf hinweisen, dass der Bau von solchen Pfeilen nur mit Jugendlichen durchgeführt werden sollte, die ein entsprechendes Alter haben und einen respektvollen Umgang mit Pfeil und Bogen besitzen. Beim Umgang mit den selbst gebastelten Pfeilen hat die Sicherheit höchste Priorität.

Da ein Pfeilfangnetz keinen ausreichenden Schutz bietet (ein Fehlschuss an der Zielscheibe vorbei, hat dies eindrucksvoll bestätigt), um "Besteck- Pfeile" abzufangen, muss gewährleistet sein, dass auf einer Freifläche geschossen wird, wo niemand zu Schaden kommen kann bzw. in einer Bogenhalle, in der entsprechendes Zielscheibenmaterial als Hintergrund vorhanden ist, in der ein solcher Pfeil einschlagen darf.

Die „Besteckpfeile" besitzen erstaunlich gute Flugeigenschaften Die Pfeile bleiben auch gut im Ziel (Strohscheibe/Foam) stecken.

2. Leistenbögen

Material:

3 Eschenholzleisten Stärke: 4 × 18 mm in einer Länge von 100, 75 und 50 cm, Jalousienschnur (Sehne), Paketschnur

Die drei Holzleisten werden der Größe nach nebeneinander gelegt. Begonnen wird mit der längsten Leiste, an deren Mitte werden die beiden anderen angefügt. Die drei Leisten werden nun in der Mitte und an den jeweiligen Enden zusammengebunden, damit sie sich nicht voneinander lösen.

Dafür wickelt man eine feste Schnur drum herum und knotet sie fest. Das geht am besten mit der Paketschnur.

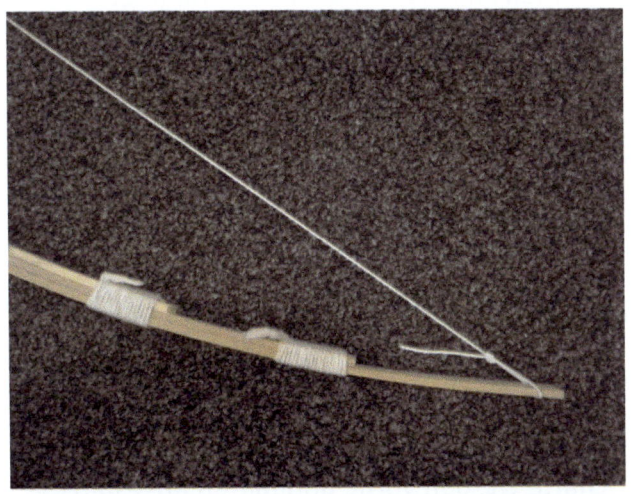

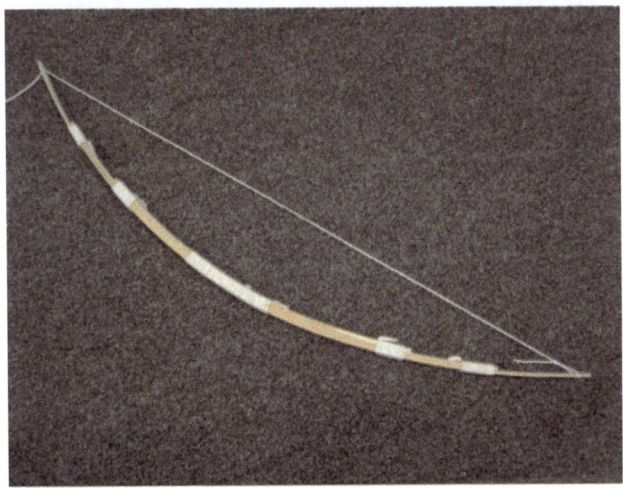

Nachdem man die Leisten fixiert hat, schnitzt man Einkerbungen seitlich in die beiden Enden der längsten Leiste. Dann bindet man an einem Ende die Schnur (hier am besten die Kunstfaserschnur) in der Einkerbung fest, biegt den Bogen und befestigt das andere Ende der Schnur unter Zug ebenfalls in der entsprechenden Einkerbung.
Das ist die Sehne des Bogens.

3. Brandpfeile

Material: Pfeilschäfte, Malerkreppband, Nocken, Wunderkerzen, doppelseitiges Klebeband, Gewebeband

Die Pfeilschäfte werden vorne und hinten angespitzt. Am Ende werden die Nocken aufgeklebt. Hinter der Spitze wird der Schaft auf etwa 10 cm Länge mit doppelseitigem Klebeband umwickelt. Die Wunderkerzenstiele werden mit einer Zange entfernt; die Wunderkerzen werden auf den Bereich des doppelseitigen Klebebands angedrückt (10-11 Wunderkerzen), möglichst ohne Lücke eng an eng. Damit die Wunderkerzen beim Abschuss nicht abfallen, werden diese mit 3 Streifen Gewebeband umwickelt (siehe Fotos).

Als Federmaterial dient Malerkrepp, es werden 3 Federn zurechtgeschnitten und am Ende vor der Nocke aufgeklebt (siehe Foto). Da es nicht um Zielgenauigkeit geht, reicht eine grobe Ausrichtung der Federn.

E. Fachbegriffe Bogenschießen

Ablass

Das Löseverhalten der Zughand beim Lösen des Pfeils. Es sollte hierbei zu einem passiven Lösen kommen, d.h. die Finger der Zughand werden nicht bewusst geöffnet, sondern nur entspannt. Die Zugkraft des Bogens streckt in dem Moment die Finger der Zughand und die Sehne rollt gleichmäßig über die Fingerspitzen ab.

Alle ins Gold

Gruß der Bogenschützen beim olympischen Bogensport. Die Mitte der Zielscheibenauflagen ist gelb = Gold.

A.M.O. oder AMO

Archery Manufacturers and Merchants Organization. Nach diesen Vorgaben werden Bogenlängen ermittelt. Die Bogenlänge ergibt sich, wenn man von Sehnenkerbe zu Sehnenkerbe den Bogenrücken ausmisst. Daraus ergibt sich dann AMO-Sehnenlänge. Die echte Sehnenlänge ist dann bei Dacronsehnen ca. 4 Zoll kürzer, bei FastFlight-Sehne ca. 3 Zoll. Letztendlich bestimmt aber die vorgegebene Standhöhe (Entfernung Griff innen bis Sehne) die optimale Sehnenlänge.

Anbau Spinne/V-Bar

V-förmiges Anbauteil, das an der Vorderseite des Bogens die Stabilisatoren aufnimmt.

Ankern

Die Position der Abschusshand bei vollem Auszug: Die Bogensehne berührt beim unteren Anker Nase/Kinn. Die Hand ist unmittelbar unter dem Kinn, beim seitlichen Kinn die Wange. Dadurch ist der Abstand von Auge und Pfeil immer identisch.

Archers Paradox

Beschreibt das Phänomen, dass der Pfeil sich im Abschuss verbiegt, sich um den Bogen herumwindet, später jedoch trotzdem gerade auf das Ziel fliegt. Der Pfeil schlängelt sich beim Lösen um den Bogen herum und stabilisiert dann auf den ersten Metern.

Armschutz

Der Armschutz schützt den Unterarm vor Sehnentreffern. Für Anfänger empfiehlt sich ein Armschutz, der sowohl Unter- als auch Oberarm schützt.

Auszug

Auszugslänge, Abstand vom Bogenrücken (Vorderkante) bis zur Sehne, gemessen in Inch (Zoll). Die Auszugslänge richtet sich nach der Armlänge des Schützen.

Auszugslänge

Die Länge, über die der Schütze den Bogen zu spannen hat, um zu seinem Ankerpunkt zu gelangen, gemessen von der Vorderkante des Bogens.

Barreled

Ein an beiden Enden verjüngter Pfeilschaft, der dadurch bessere Flugeigenschaften aufweist.

Befiedern

Versehen des Schafts mit Weichplastikfahnen oder Naturfedern. Dadurch wird der Pfeilflug stabilisiert.

Befiederungsgerät

Die Federn des Pfeils werden mit einem sog. Befiederungsgerät sicher, in der richtigen Position und somit im entsprechenden Winkel auf den Pfeilschaft geklebt.

Blankbogen

Bezeichnet einen Bogen, der ohne jegliche Zielhilfe geschossen wird.

Blunt

Eine Jagdspitzenart, die für Kleinwild verwendet wird. Sie ist vorne platt, und erschlägt das Wild, statt es zu zerschneiden (Jagdspitzen) oder aufzuspießen (Feldspitze).

Bogenarm

Der Arm, der den Bogen hält.

Bogenbauch

Die dem Schützen zugewandte Bogeninnenseite (Belastung auf Druck).

Bogenbauerknoten

Zimmermannsstek, Knoten bei flämisch gespleißten Sehnen, der ein Verstellen der Sehnenlänge erlaubt.

Bogenfenster

Eine Aussparung am Bogengriff, in der die Pfeilauflage sitzt. Der Schütze hat somit freien Blick auf das Ziel.

Bogenköcher

Köcher, der am Bogen montiert wird, um dort Pfeile aufzubewahren.

Bogenlänge

Die Gesamtlänge des Bogens wird in Zoll gemessen. Sie wird bei Recurvebögen von einem zum anderen Ende der Wurfarme gemessen; bei Compoundbögen von einer Achse zur anderen. Bei Recurvebögen bestimmt sich die Bogenlänge nach der Auszugslänge des Schützen.

Bogenrohling

Grob ausgesägte Form des Bogens beim Bogenbau.

Bogenrücken

Bogenaußenseite, die vom Schützen abgewandt ist (Belastung auf Zug).

Bogenschlinge

Um ein Verreißen des Schusses zu vermeiden, hält man den Bogen locker in der Hand zwischen Daumen und Zeigefinger. Damit der Bogen nach dem Lösen nicht aus der Hand fällt, wird er mit einer Bogenschlinge am Handgelenk befestigt.

Bogensehne

Sie überträgt die Energie des Bogens auf den Pfeil. Sie besteht aus Kunstoff, wie etwa Dacron, Fast Flight oder Naturmaterial. Die Art der Bauweise sowie die Strangzahl nehmen Einfluss auf den Flug des Pfeils.

Bogenstabilisatoren

Lange Zusatzgewichte am Bogen, die nach dem Lösen des Pfeils die Schwingung des Bogens aufnehmen und diesen beruhigen.

Bogenständer

Der Bogenständer ist eine Ablagemöglichkeit für den Bogen, solange der Schütze ihn nicht benötigt.

Brustschutz

Der Brustschutz hält die Kleidung nah am Körper. Dadurch wird verhindert, dass die Sehne sich im Stoff verfängt, und den Schuss verreißt.

Button

Der Button, auch Plunger (engl.) oder Pfeilanlage genannt, ist ein (optionales) mechanisches Anbauteil am Recurvebogen, welches zwei Aufgaben erfüllt:

er reguliert den Seitenversatz des Pfeils auf der Pfeilauflage und er beeinflusst durch seine einstellbare mechanische Feder die Durchbiegung des Pfeils, die durch die Trägheit des Pfeils beim Lösen der Sehne entsteht

Cam

Ovaler Rollentyp bei Compoundbögen

Centercut

Bogenfenster, das bis zur Mittellinie ausgeschnitten ist.

Center Shot

Bogenfenster ist soweit ausgeschnitten, dass der Pfeil in der Mittelachse des Bogens platziert ist.

Checker

Der Checker (Sehnenmaßstab) ist ein T-förmiges Werkzeug mit dem folgende Messwerte ermittelt werden können:

Standhöhe, Tiller, Nockpunktüberhöhung

Der Checker sollte in keiner Ausrüstung fehlen, denn zumindest die Standhöhe sollte man vor jedem Schießen überprüfen und ggfs. durch ein- oder ausdrehen der Sehne auf den Sollwert bringen.

Cloutschießen

Es werden 12 Passen zu jeweils 3 Pfeilen auf ein Clout (Ziel) geschossen. Das Ziel steht in einem Abstand von 180 Yards= 165 Meter für Männer und 120 Yards=110 Meter für Frauen.
Das Clout-Schießen entspringt der englichen Tradition. Im Mittelalter wurden die Bogenschützen auf diese Entfernungen trainiert.

Compoundbogen

Bogen der mit einem Flaschenzugprinzip arbeitet und mit einer mechanischen Auslösehilfe (Release) geschossen wird.

Creep

Fortlaufende, nicht umkehrbare Längenänderung beim Sehnenmaterial, insbesondere bei Bögen unter Dauerlast.

Cresting

Bemalung oder Folie zur Verschönerung bzw. Kennzeichnung des Pfeiles auf dem Pfeilschaft.

Dacron

Sehnenmaterial aus Kunststoff für Lang- und Recurvebogen mit begrenzter Elastizität.

Dämpfer

Um das Geräusch der Sehne zu dämpfen, werden Büschel aus Fell, Wolle oder Gummi in die Sehne eingeflochten.

Daumenring

Der Ring besteht i.d.R. aus Horn und wird für die sog. Daumentechnik verwendet. Hierbei wird die Sehne mit dem Daumen, der den Daumenring trägt, gezogen. Der Zeigefinger umschließt diesen oberhalb (tatarisch-mongolische Grifftechnik). Diese Technik wird insbesondere bei Reiterbögen bzw. Skythenbögen angewandt.

Deflex

Der Bogen ist im entspannten Zustand in Zugrichtung gebogen. Der Bogen wirft dadurch schneller und führt zu einer höheren Fluggeschwindigkeit des Pfeils.

DFBV

Deutscher Feldbogen Sportverband

Dished Griff

Bogengriff mit einer gleichmäßigen, flachen Einbuchtung.

Dominantes Auge

Das Auge, welches zum Anvisieren des Ziels (mit der dazugehörigen Gehirnhälfte) genutzt wird. Ist das rechte Auge dominant, ist es i.d.R. von Vorteil auch mit der rechten Hand zu ziehen, da sich der Schütze mit der Sehne so näher am dominanten Auge befindet.

Drift

Ablenkung des Pfeils von seinem vorhergesehen Weg durch Seitenwind.

Druckpunkt

Der Druckpunkt bezeichnet die Stelle in der Bogenhand, in der die Hauptdrucklast durch die Bogenkräfte wirkt.

Effizienz

Wert in Prozent (%), der angibt, wieviel der durch Zugkraft zugeführten Energie an den Pfeil weitergegeben wird.

Einnocken

Einlegen des Pfeils, der Pfeilnocke, auf die Sehne.

Endenschutz

Wird auf die Tips (Enden der Wurfarme) gesteckt, um diese vor Beschädigungen zu schützen.

Endlossehne

Diese Art von Sehne wird aus einem einzigen Strang hergestellt, aber mehrfach zusammengelegt. Sehnenohren (Enden der Sehne) und Mitte werden mit Sehnengarn verstärkt.

Endumwicklung

Umwicklung der Sehnenenden, die unter anderem auch die Sehnenschlaufe bildet.

Ethafoam

Dieser leichte Kunststoff wird für Zielscheiben und 3D-Tiere verwendet. Er weist eine gute Wiederverschließbarkeit aus und ist wetterfest.

Facewalking

Der Ankerpunkt im Gesicht wird beim Blankbogenschießen je nach Entfernung zum Ziel verändert.

Fade-Out

Bezeichnet den langsam auslaufenden Übergang vom Griff zum Wurfarm beim Langbogen.

Fast-Flight

Ein starkes Sehnenmaterial aus Kunststoff, das kaum noch Dehnung aufweist. Es wird i.d.r. für Recurvebögen mit Metallmittelteil verwendet.

Feder

Die Feder aus Plastik oder Naturmaterial stabilisiert den Pfeil während seines Fluges.

Federfahne

Bezeichnet den weichen Teil der Naturfeder.

Federstanze

Stanzt aus einer Vogelfeder mittels einer Schablone eine wiederholbare Form für den Pfeilbau heraus.

Federwicklung

Das zur Pfeilspitze gerichtete Ende der Feder wird mit einem Faden umwickelt, damit der Federkiel nicht die Bogenhand verletzt.

Fehlschuss

Ein Pfeil, der sein Ziel nicht getroffen hat.

Feldbogenschießen

Das Feldbogenschießen ist eine weitere Disziplin beim Bogenschießen. Das Feldbogenschießen wird im freien Gelände, hauptsächlich in Waldgebieten durchgeführt. Das Feldbogenschießen findet eher auf kürzeren Distanzen statt, erfordert von dem Bogenschützen aber mehr Aufmerksamkeit. Die Zielscheiben werden nicht ebenerdig aufgebaut, sondern befinden sich erhöht oder sogar leicht schräg zur Schussposition des Bogenschützen. Dadurch muss der Bogenschütze beim Bogenschießen nicht nur auf den guten Schussablauf, sondern beim Zielen auch auf die Neigung der Zielauflage achten.

Feldspitze

Pfeilspitze aus Metall für das Schießen auf Ziele im Freien. Die spezielle Spitzenform verhindert das zu tiefe Eindringen in das Zielscheibenmaterial oder Holz.

Fingerschlinge

Die Schlinge, die bei Sportschützen Verwendung findet, wird um Daumen und Zeigefinger gelegt und hält beim Abkippen des Bogens beim Lösen des Pfeils diesen in der Hand.

Fingerschutz

Ein Fingerhandschuh oder ein sog. Tab schützen die Hand der Zughand beim Bogenschießen.

Finish

Bezeichnet die Endbehandlung eines (Lang-)Bogens mit Öl, Wachs oder Lack und schützt diesen vor der Witterung.

F.I.T.A.

FEDERATION INTERNATIONALE DE TIR à L'ARC = Internationaler Bogensportverband. Von dieser Vereinigung sind Reglements erarbeitet worden, die nationalen und internationalen Wettkämpfen zugrunde gelegt werden.

F.I.T.A. - Runde

Freiluft-Disziplin beim Bogenschießen. Frauen schießen jeweils 36 Pfeile auf eine Entfernung von 70, 60, 50 und 30 Meter, Männer dieselbe Anzahl von Pfeilen auf die Distanzen 90, 70, 50 und 30 Meter.

F.I.T.A. - Stern

Auszeichnung für ein bestimmtes Ergebnis. Die F.I.T.A. vergibt 5 verschiedene Auszeichnungen: den 1000er, den 1100er, den 1200er, den 1300er und schließlich den 1400er Stern. Die Zahlen beziehen sich jeweils auf die mindestens zu erreichende Ringzahl, um diese Auszeichnung zu erwerben.

Flämisch Spleiß

Beim traditionellen Schießen verwendete Sehnenart, bei der die Sehne geflochten wird. Dadurch lässt sich die Sehne verlängern oder verkürzen, bzw. die Standhöhe lässt sich variieren.

Fletch Pod

Eine Schutzhülle, die die Federn eines Pfeils schützt.

Fliegender Anker

Der Schütze löst sofort den Pfeil, wenn er seinen Anker erreicht hat. D.h. der Bewegungsablauf erfolgt in einer fließenden Bewegung.

Flu-Flu-Befiederung

Spezielle Befiederungsart mit extra breiten und langen Federn oder einer Spiralwicklung, um die Flugweite des Pfeils zu reduzieren.

FOC (Front of Center)

Die Abweichung des Schwerpunktes von der Pfeilmitte (in %) nennt man FOC.

Follow-through

Bezeichnet das Nachhalten nach dem Lösen des Pfeils. Die Rückenmuskulatur bleibt nach dem Lösen weiterhin gespannt.

fps (feet per second)

Bezeichnet die Abschussgeschwindigkeit des Pfeils nach dem Lösen des Pfeils. (1 Fuß/sek. = 0,3048 m/sek.).

Freezing

Das Unvermögen eines Schützen, den Pfeil zu lösen, die Finger sind „eingefroren", oft in Verbindung mit „Scheibenpanik" (Negative psychische Einstellung).

Geschlossener Stand

Füße stehen beim Bogenschießen parallel zur Schusslinie. Die Hauptbelastung liegt dabei den Fußballen (etwa 60%)

Gipfelzuggewicht

Das maximale Zuggewicht bei Compoundbögen (peak-weight), bevor er die Reduktion erreicht.

Gold

Bezeichnet die Mittleren gelben Ringe (Ringzahl 9 und 10) der Zielscheibenauflage.

grain

Amerikanische Gewichtseinheit. Ein grain entspricht 0,0648 Gramm.

Griff

Ziehen der Sehne mit verschiedenen Techniken (Mediterraner Griff: Zeige-, Mittel- und Ringfinger ziehen Sehne/ Untergriff: Zeige-, Mittel- und Ringfinger ziehen die Sehne unterhalb des Pfeils/Mongolisch-tartarischer Griff: Daumen auf der Sehne, mit Zeigefinger umschlossen).

Griffstück

Der mittlere Teil des Bogens, der mit der Hand gehalten wird.

Gruppierung

Liegen die Pfeile einer Passe (eines Durchgangs) nah beieinander, spricht man von Gruppierung.

Hand-Auge-Koordination

Beschreibt das zeitlich passende Zusammenspiel dieser beiden Körperteile untereinander.

Handschock

Über den Griff wird ein Teil der Schussenergie zurück in die Hand übertragen. Ein Bogen sollte möglichst weich sein, also wenig Handschock, aufweisen.

Handschuh

Schützt die Zughand vor zu starker Belastung durch die Sehne. Auch für die Bogenhand bei Langbögen ohne Pfeilauflage erhältlich. Hier wird der Pfeil auf dem Handrücken aufgelegt.

Inch

(auch Zoll) Englisches/amerikanisches Längenmaß = 2,54 cm.

Intuitives Schießen

Schießen ohne technische Hilfsmittel mittels Augen-Hand-Koordination.

Insert

Gewinde, das in den Pfeilschaft geklebt wird und so Schraubspitzen aufnehmen kann.

Jagdspitze

Eine mit rasierklingenscharfen Schneiden versehene Spitze, die zum Jagen verwendet wird.

Kabelgleiter

Dieses Anbauteil beim Compoundbogen schützt das Kabel vor Abrieb.

Kill/Killzone

Bei 3D-Tieren oder Tierbildauflagen eingezeichnete Zone, bei der das Tier tödlich getroffen wird.

Kisser

Kunststoffteil, das in Höhe des Mundes auf die Sehne montiert wird. Der Kisser dient der Kontrolle des korrekten Auszugs.

Klammer

Teil des Befiederungsgeräts, in das die Feder eingeklemmt wird, um sie auf den Pfeilschaft zu kleben.

Klemmnocke

Pfeilnocke, in die die Sehne einrastet.

Klicker

Der Klicker ist ein kleine Metallbügel (oder Metalldraht), der am Schussfenster vor der Pfeilauflage montiert wird. Er gibt ein klickendes Geräusch von sich, wenn der Pfeil voll ausgezogen ist. Dadurch ist der Auszug immer gleich lang.

Köcher

Eine Tragetasche bzw. Tragevorrichtung für Ihre Pfeile. Es gibt Seitenköcher, Rückenköcher und am Bogen montierte Köcher.

Kompositbogen

Klassischer Vertreter eines Kompositbogens ist der Reiterbogen, der mit Hornmaterial belegt ist. Bezeichnet einen Bogen, der aus mehreren Materialschichten besteht.

Konterstabilisatoren

Dienen der Stabilisierung der horizontalen Achse und sind Gegenspieler des Monostabilisators.

Kreuzdominanz

Eine Kreuzdominanz liegt dann vor, wenn Rechtshandschützen ein links dominantes Auge besitzen und umgekehrt. Dies kann dazu führen, dass die Pfeile deutlich am Ziel vorbei gehen. Dieser Umstand kann durch Üben wegtrainiert werden.

Kriechen

Beschreibt den Vorgang, wenn nach dem Ankern der Hand, diese beim Lösen des Pfeils in Schussrichtung mitgeführt wird. Dadurch verzieht der Pfeil bzw. verliert schnell an Energie und sackt vorzeitig ab.

Kyudo

Japanisches Bogenschießen mit großen, asymmetrischen Bögen (Yumi), die über 2,10 m lang sind.

Laminierung

Verleimung mehrerer Leisten oder Fiberglasschichten auf dem Bogen.

Langbogen

Der Begriff Langbogen dient als Oberbegriff für alle einfachen, stabförmig geformten Bogen; in der erweiterten Verwendung steht er auch für Bogen mit flachen Querschnitten ("Flachbogen"), die seit der Mittelsteinzeit in Europa archäologisch nachgewiesen sind. Zur Unterscheidung des Langbogens von anderen Bogenarten müssen insbesondere zwei Kriterien erfüllt sein: Die Länge entspricht etwa der Größe des Bogenschützen und die Bogensehne berührt den Langbogen nur an den Sehnenaufhängungen (den "Tips").

lb

Kürzel für englische Pfund. Ein englisches Pfund entspricht 453,59 Gramm. Die Bezeichnung kommt vom lateinischen "Libra". Das Zuggewicht des Bogens wird in dieser Einheit angegeben.

Leerschuss

Als Leerschuss bezeichnet man das Lösen der Sehne, ohne dass ein Pfeil aufgelegt bzw. abgeschossen wurde. Die aufgebaute Energie geht in den Bogen über und lassen das Bogenmaterial so stark leiden, dass der Bogen brechen kann und somit schwere Verletzungen auftreten können.

Leitfeder

Die Leitfeder eines Pfeils ist in der Regel anders gefärbt als die beiden anderen Federn. Der Pfeil wird so auf der Sehne eingenockt, so dass die Leitfeder im rechten Winkel zur Nockkerbe steht und so beim Recurve-/Langbogenschützen vom Bogen weg zeigt.

Let-Off

Zuggewichtsreduktion bei Compoundbögen durch ein Flaschenzugprinzip.

Linksgewundene Feder

Feder vom linken Vogelflügel.

Linkshandschütze

Ein Schütze, der den Bogen mit der rechten Hand hält und die Sehne mit der linken Hand zieht.

Lösen

Das Entspannen der Finger aus dem Anker heraus, das die Sehne und somit den Pfeil freigibt.

Loop

Bei Compoundbögen wird eine kleine Schlaufe an der Sehne befestigt. In ihr wird ein Zangenrelease (Lösewerkzeug) eingehängt und mit ihr die Sehne gelöst.

Mediterraner Griff

Bei diesem Griff an der Sehne befindet sich der Mittel- und Ringfinger unterhalb des Pfeils, der Zeigefinger oberhalb des Pfeils.

Mittelteil

Bezeichnet das mittlere Teil mit dem Griffstück, an dem die beiden Wurfarme angebracht sind.

Mittelwicklung

Umwicklung des mittleren Teils der Sehne, auf dem der Nockpunkt fixiert wird und die vor einer Abnutzung der Sehne schützt.

Monostabilisator

Stabilisator von mindestens 25 Zoll Länge, der an der Front des Bogens befestigt wird und nach vorne ragt.

Multi-Cam-Wurfarme

Wurfarme, die über einen doppelten Recurve verfügen.

Mundmarke

Ein auf der Sehne angebrachtes Teil, das dem Schützen den richtigen und reproduzierbaren Ankerpunkt im Gesicht anzeigt.

Nachhalten

Verbleiben in der Körperhaltung nach dem Abschuss des Pfeils. Dies (Follow through) verhindert das Verreißen des Pfeils und man schaut dem Pfeil bewusst hinterher, um sich später zu korrigieren.

Naturfeder

Naturfedern stammen meist von Truthahn oder Gänsen. Naturbefiederte Pfeile werden i.d.R. von Langbogenschützen verwendet, bei denen der Pfeil auf dem Shelf des Bogens aufgelegt wird.

Nockboden

Bezeichnet die tiefste Stelle im Nock, den Boden der Nockkerbe.

Nocke

Kunststoffende oder eine in den Holzschaft eingearbeitete Kerbe (self-nock) des Pfeils, das mit einer Kerbe versehen ist. Nocken dienen zum Festklemmen des Pfeils auf der Sehne.

Nockenwicklung

Bei self-nocks (in den Holzschaft eingearbeitete Nockkerbe) wird kurz hinter der Kerbe der Holzschaft mit einem Garn stramm umwickelt, um ein Aufspalten des Pfeils zu verhindern.

Nockpunkt

Markierung auf der Sehne, die anzeigt, wo der Pfeil aufgesetzt werden muss. In der Regel wird nur eine Markierung angebracht - der Pfeil wird unterhalb eingenockt. Der Checker dient zum ausmessen des Nockpunktes.

Nockpunktüberhöhung

Der Nockpunkt wird meist nicht genau in der Mitte der Sehne angebracht, sondern etwas höher. Das hat mit der Asymmetrie des Bogens zu tun und muss ausgeschossen werden. Die Überhöhung liegt meist zwischen 0 und 15 mm über der geometrischen Mitte.

Nockpunktzange

Zange zum Anbringen des Nockpunktes (Messingring) auf der Sehne.

Offener Stand

Der Stand des Schützen steht nicht im rechten Winkel zur Schießlinie, sondern der Stand ist um wenige Grad leicht versetzt.

Overdraw

Eine besondere Form der Pfeilauflage, die den Bogen in Richtung Sehne faktisch verkürzt. Dadurch wird es dem Schützen ermöglicht, kürzere, als die tatsächlich benötigen Pfeile zu schießen.

Papiertest

Aus einer Entfernung von wenigen Metern werden Pfeile durch einen vor dem Schützen aufgespannten Papierbogen geschossen. Je nachdem wie die entstandenen Löcher ausgebildet sind, kann man Aussagen zur Lage des Nockpunktes bzw. zum Spinewert der Pfeile machen.

Parabol

Federform, die am Ende rund gewölbt ist.

Parcours

Auf einem 3D-Parcours im Gelände gibt es mehrere Stationen, an denen i.d.R. aus Hartschaum nachgebildete Tiere getroffen werden sollen.

Passe

Anzahl der Durchgänge bei Turnieren.

Peep Sight

Ein Kunststoff- oder Metallstück mit kleinem Loch, das zwischen den einzelnen Strängen der Sehne in Höhe des Auges befestigt wird (Compoundzubehör).

Pfeil

Ein Pfeil besteht aus der Spitze, dem Pfeilschaft (Holz, Carbon, Aluminium oder Fiberglas) den Federn sowie der Nocke.

Pfeilauflage

Abschusshilfe aus Plastik oder Metall, die seitlich am Bogen anliegt und auf der der Pfeil aufgelegt und abgeschossen wird.

Pfeilrichtgerät

Verbogene Pfeile können mittels Pfeilrichtgerät wieder begradigt werden.

Pfeilrichtzange

Leichte Verbiegungen bei Aluminiumpfeilen können mittels Zange gerichtet werden.

Pfeilröhre

In dieser Röhre können Pfeile transportiert werden, i.d.R. in der Höhe verstellbar.

Pfeilzieher

Eine aus Gummi bestehende Greifhilfe, mit der die Pfeile leichter aus der Zielscheibe gezogen werden können.

Pfund

Engl. Pfund (pounds, lb), Maßeinheit im Bogensport (Zuggewicht). 1 lb = 453 gr.

Pin

Um zu vermeiden, dass ein weiterer Pfeil einen Anderen von hinten aufspaltet, werden Pfeile an den Enden mit Pin-Nocks versehen. Das Ende besteht aus einem stark zulaufenden Kegel.

Pistolengriff

Der Griff des Bogens ist am oberen Teil stärker eingebuchtet und passt sich der Hand so besser an.

Pivot-Point

Bezeichnet in der Bogentechnik den Drehpunkt, um den der Bogen gedreht werden kann, aber auch den Schwerpunkt oder auch Gleichgewichtspunkt. Beim Bogen ist es der Punkt bezogen auf die Längsachse, bei dem sich der Bogen in der Waage hält. Dieser Punkt sollte idealerweise mit der tiefsten Stelle am Griff (Pivot-Point) übereinstimmen. Der Button sollte sich dann genau oberhalb dieses Punktes befinden. Um die Differenz des Abstandes des Buttons zum Pivot-Point auszugleichen, muss der untere Wurfarm getillert werden.

Primitivbogen (Langbogen)

Aus einem Stück Holz gefertigter Bogen, z.b. aus Eibe, Esche, Ahorn, Akazie, etc., wie z.b. der englische Langbogen. Beim Primitivbogen wird der Pfeil über die obere Handkante der Bogenhand geschossen. Die Bögen, die ein Bogenfenster haben, verfügen über ein Shelf, eine eingearbeitete Pfeilauflage. Moderne Langbogen sind mit Glasfaserlaminaten belegt.

Rechts gewundene Feder

Feder vom rechten Flügel eines Vogels.

Rechtshandschütze

Die Sehne wird mit der rechten Hand gezogen und der Bogen mit der linken Hand gehalten.

Recurvebogen

Recurve (englisch: zurückgebogen) steht für das Hauptmerkmal dieses Bogentyps, die zurückgebogene Form der Wurfarme, die im entspannten Zustand vom Schützen wegweisen. Die Begriffe Recurvebogen und Reflexbogen werden synonym verwandt.

Reflex

Der Bogen biegt sich im entspannten Zustand vom Schützen weg, das Gegenteil vom deflexen Bogen.

Reflex-deflex

Die Enden sind reflex, das Mittelteil oft deflex . Der Bogen hat von der Seite betrachtet eine Doppel-S-Form.

Release

Eine mechanische Spann- und Ablasshilfe beim Compoundbogen.

Robin-Hood-Schuss

Ein in der Zielscheibe steckender Pfeil wird durch einen nachfolgenden Pfeil in die Nocke getroffen und gespalten.

Rohschafttest

Testschüsse, bei denen Pfeile ohne Befiederung und somit ohne Flugkorrektur geschossen werden. Sie dienen dazu, die passende Härte des Pfeiles (Spinewert) im Verhältnis zum Bogen (Nockpunktüberhöhung) zu ermitteln.

Rückenköcher

Ein auf dem Rücken getragener Pfeilköcher, in der Regel für den traditionellen Bogenschützen.

Rückenspannung

Die Kontraktion der Rücken- und Schultermuskulatur bewirkt das weite Öffnen des Brustkorbs hin zum stolzen Stand.

Schaft

Der Schaft eines Pfeils (ohne Nocke, Spitze und Befiederung) besteht aus Holz, Fiberglas, Carbon oder Aluminium. Der Durchmesser wird in Zoll/Inch angegeben. Gängig sind 3 Schaftdurchmesser: 5/16, 11/32 oder 23/64 Zoll. Das Schaftgewicht wird in grain angegeben. Die Pfeile eines Bogens sollten alle gleich schwer sein, um eine Streuung zu vermeiden.

Scheibe

Zielscheiben bestehen aus Stroh, Stramit (verpresstes Stroh) oder Ethafoam.

Scheibenauflage

Wettkampf-Zielscheibenauflage mit Ringzahlen oder anderweitige Auflage mit Tierbildern o.ä.

Scheibennagel

Nagel mit abgerundeter Kappe um Scheibenauflagen auf der Scheibe zu befestigen.

Scheibenpanik

Bei der Scheibenpanik ist der Schütze aufgrund einer negativen psychischen Einstellung nicht mehr in der Lage ordentlich zu treffen. Es kommt zum Verreißen, Schwimmen, Einfrieren („Freezing"), frühzeitigem Lösen, etc.

Schießhandschuh

Handschuh (aus Leder) mit 3 Fingern, der Zeige-, Mittel- und Ringfinger der Zughand schützt.

Schießsack

Ein aus Jute bestehender Sack mit Füllmaterial als Ziel.

Schießwürfel

Ein aus Ethafoam bestehender Würfel als Ziel.

Schraubspitze

Pfeilspitze für Alupfeile, die in ein Insert (in dem Schaft liegendes Gewinde) geschraubt werden oder Pfeilspitze für Holzpfeile, die mittels selbstschneidendem Gewinde aufgeschraubt werden.

Schussfenster

Eine bei modernen Bögen übliche Aussparung in der Zone, in der der Pfeil den Bogen mit seinem Schaft berührt. Hierdurch verliert der Pfeil beim Abschuss weniger Energie als ohne Schussfenster, da er sich beim Abschuss nicht so weit um das Mittelstück herumschlängeln muss.

Schutzhülle

Eine Hülle für den Langbogen, die diesen vor Beschädigungen schützt, meist aus Baumwolle, Leder oder Filz.

Schutzkappe für Wurfarme

Schützt die Enden, die sog. Tips vor Beschädigungen.

Schwänzeln

Seitliche Pendelbewegung des Pfeils durch z.B. unsaubere Befiederung, gebogener Schaft, unsauberes Lösen, falscher Spinewert, etc.

Schwimmen

Schwanken des Bogenarms beim Zielen.

Scope

Vergrößerungsglas beim Compoundbogen, das am Visier befestigt wird (nur mit Peep Sight zu verwenden).

Shelf

Bei Langbögen in das Holz eingearbeitete Holzkante als Pfeilauflage.

Sehne

Das Material der Sehne ist abhängig vom Bogentyp und dessen Beschaffenheit. Am gebräuchlichsten ist Dacron, ein Polyester, der elastischer ist als z.b. Fast-Flight mit geringerer Elastizität. Sehnen aus Naturmaterial für Primitivbögen bestehen aus Hanf oder Leinen/Flachs.

Sehnengalgen

Ein langer Balken mit verstellbaren Metallstiften zum Herstellen einer Bogensehne.

Sehnenöhrchen

Schlaufen an den Enden einer Bogensehne.

Sehnenwachs

Sehnenwachs ist ein Imprägniermittel, das die Haltbarkeit der Sehne fördert.

Shield

Federform, die am Ende in Winkelform endet.

Spannleine

Die Spannhilfe oder Spannschnur ist ein Hilfsmittel, um den Bogen schonend zu spannen und ein Verdrehen der Wurfarme zu vermeiden.

Spinewert

Ein Maß für die Biegesteifigkeit eines Pfeils (in mm oder Zoll) in Bezug zu dessen Länge. Er wird durch die Strecke ermittelt, um die ein Pfeil sich biegt, wenn ein definiertes Gewicht (zwei Pfund) an zwei (28 Zoll) voneinander entfernten Auflagepunkten auf ihn wirkt. Je stärker der Bogen, desto steifer sollte der Pfeil sein.

Spinne

V-förmiges Metallstück, das vorne am Bogen angebracht wird. Dort hinein kommen der Monostabilisator und die Konterstabilisatoren.

Spinn-Wings

Eine Federform, die stark gedreht ist und so den Pfeil in Rotation versetzt und diesen schneller in seiner Flugbahn stabilisiert.

Spitze

Durch ihr Gewicht beeinflusst sie wesentlich den Schwerpunkt des Pfeiles sowie den dynamischen Spinewert und damit auch das Flugverhalten des Pfeils.

Spleißrohr

Das Spleißrohr hilft bei der exakten Reparatur des Holzschaftes. Ohne großen Aufwand kann man die gebrochenen Holzschäfte wieder auf die ursprüngliche Länge aufspleißen und den Reparaturvorgang fortsetzen.

Stabilisator

Auf Stangen aufgebrachte Gewichte, die an das Mittelteil des Bogens montiert werden, um die beim Abschuss auftretenden Drehmomente soweit zu verzögern, dass der Pfeil ungehindert am Bogen vorbeikommt.

Stand

Körperausrichtung beim Bogenschießen, insbesondere die der Füße im Verhältnis zum Ziel.

Standhöhe

Abstand der Sehne bis zur tiefsten Stelle des Griffes. Jeder Hersteller gibt für seine Bogen eine bestimmte Spannhöhe/Standhöhe vor.

Ständer

Holzständer, auf dem die Zielscheibe steht.

Streifschutz (Brustschutz)

Presst die Kleidung an den Körper, um so ein Streifen der Sehne am Körper und so ein Ablenken des Pfeils zu vermeiden.

Stretching Band

Ein für Trainingszwecke geeignetes Elastikband für Erwärmungsübungen der Muskulatur zur Vorbereitung des Trainings.

Stringwalking

Hierbei wird der Punkt, auf dem die Finger der Zughand auf der Sehne sitzen, vom Ankerpunkt nach unten verschoben. Je weiter die Finger nach unten wandern, desto kürzer wird der Pfeil ausgezogen und fliegt somit auch weniger weit.

Stringfollow

Nach dem Abspannen des Bogens verbleibende parabolische Biegung der Wurfarme.

„T"-Form

Der Schütze sollte in „T-Form" stehen, mit gerader Wirbelsäule und beide Schultern tiefgestellt auf gleicher Höhe. Bei Bergauf- und Bergabschüssen sollte diese Form gewahrt werden, der Körper wird daher in der Hüfte gebeugt.

Tab

Fingerschutz aus Leder oder Kunstleder.

Take-Down-Bogen

Recurve-Bogen, der zum Transport in 3 Teile zerlegt werden kann.

Tiller

Da die Bogenhand aus physikalischen Grunden unterhalb der Bogenmitte sitzt und die Zughand höher, entsteht ein Ungleichgewicht im Auszug, welches durch die leicht unterschiedliche Härte der Wurfarme ausgeglichen wird. Es wird dabei die Differenz der beiden Abstände zwischen jeweils einem gleich weit von den Bogenenden entfernten Punkt auf jedem Wurfarm und der Sehne bestimmt. Der Tiller ist das in Millimetern angegebene Maß für das Kräfteungleichgewicht zwischen den beiden Wurfarmen beim aufgespannten Bogen.

Tillern

Arbeitsschritt beim Bogenbau, bei dem der Bogen langsam mehr und mehr ausgezogen wird und dabei die Biegung kontrolliert und korrigiert wird.

Tillersehne

Extra starke mit Bogenbauerknoten verstellbare Sehne für den Tillerprozess.

Tillerstock

Hilfsmittel beim Tillern; bestehend aus einem Brett mit regelmäßig eingelassenen Zacken, in die die Tillersehne eingehängt wird.

Tip

Englische Bezeichnung für ein Bogenende, dem Ende des Wurfarms.

Trockenschuss

Das Loslassen der Sehne ohne Pfeil. Kann zum Bogenbruch führen.

Tuning

Feinabstimmung von Bogen und Bogenmaterial zur Optimierung ihres Potentials.

Untergriff

Die Sehne wird mit drei Fingern unterhalb des Pfeils gegriffen.

Visier

Beim Sportbogenschießen eingesetztes mechanisches Gerät, das zur Zielhilfe eingesetzt wird.

Vorspannung

Leichtes Anspannen des Bogens zu Beginn der Zugphase. Damit ist auch eine Körperausrichtung und erhöhte Muskelspannung verbunden.

WA

World Archery Federation. Internationaler Dachverband der Bogenschützen, der das Regelwerk für Weltmeisterschaften und Olympische Spiele erstellt (ehemals FITA).

Wand

Bezeichnung aus dem Compoundbogenbereich. Man kann diese Bögen nur bis zu einem bestimmten voreingestellten Punkt ausziehen. Der Auszug wird dort von den Cams gestoppt. Dieser Punkt nennt sich Wand.

Wickelgerät

Hilfsmittel zum schnellen Erstellen gleichmäßiger Mittel- und Endwicklungen auf der Sehne, indem es den Faden in einer konstanten Spannung hält und durch eine Führungsnut das Überlagern der Windungen verhindert.

Wurfarme

Oberer und unterer Teil des Bogens, in dem die Energie gespeichert wird und der sich beim Auszug biegt.

Zielauge

Bei jedem Menschen gibt es ein dominantes Auge, welches beim Zielen die Führung übernimmt.

Zielpunkt

Bewusst ausgesuchter Punkt, auf den die Pfeilspitze gerichtet (systemisches Schießen) oder beim intuitiven Schießen der Blick fokussiert wird.

Zoll (Inch)

Englisches/amerikanisches Längenmaß. Entspricht 2,54 cm.

Zuggewicht

Beim Spannen des Bogens zu überwindende Kraft, angegeben in englischen Pfund (1 lb = 453 gr.). Die Vereinigung der Bogenhersteller (AMO) hat sich darauf geeinigt, das Bogenzuggewicht auf eine Standardauszugslänge von 28 Zoll (gemessen von Bogenvorderkante bis zur Nockkerbe) zu beziehen. Bei einer längeren Auszugslänge erhöht sich das Bogenzuggewicht. Bei einer kürzeren Auszugslänge verringert sich das auf dem Bogen angegebene Zuggewicht.

Zughand

Hand, die die Sehne zieht (Rechtshandbogen: rechte Hand ist die Zughand).

Zuglänge

Das Maß von der Vorderkante des Bogens bis zum Pfeilende am Kinn (oder Wange). Die Länge hängt von der Armlänge und Schulterbreite des Schützen ab.

Zugwaage

Federzugwaage zur Bestimmung des Zuggewichts.

Zupfen

Die Zughand wird kurz vor dem Lösen noch ein Stück nach hinten oder seitlich gezogen, dies führt zu einem Verreißen des Pfeils.

3-D-Schiessen

Das Schießen auf dreidimensionale Kunststofftiere unterschiedlicher Größe auf unterschiedliche Entfernungen.

Eigene Anmerkungen: